わたしの家事ルール

お金と時間を
かけなくても
「素敵」はできる

My
Housekeeping
Rules

DEZAKO

講談社

はじめに

──あなたが心から寛《くつろ》げるときは、どんなときですか？──

お風呂に入っているとき、ペットと触れあっているとき、好きな音楽を聴いているとき……。様々な答えが返ってきそうですね。もし私がそう聞かれたとしたら、迷うことなく「〝おデザ〟を美味しいお茶と愉《たの》しんでいるとき！」と答えます。

小さい時から何をしてもさほど長続きせず、これといった特技もない私ですが、たった一つ。家族のために供する食後の「おデザ（デザート）時間」だけは、結婚して以来、一度も欠かしたことはありません。栄養をとるという観点からは、食事に比べてうんと優先順位の低いデザートですので、必要に迫られることはありません。それでも毎日せっせと心をこめて用意し続けてこられたのは、デザートとともに憩《いこ》う時間がもたらしてくれる大きな効果を、日々実感してきたからです。

生きていくのにどうしても必要でない「あってもなくてもいいもの」を続けるには、

心の在りようを健《すこ》やかに保つことが大前提だと思っています。そして、そんな時間を確保するためには、家事を効率化することも必要ですし、空間もある程度は整っていなくては、せっかくひと手間をかけて作ったデザートのおいしさが半減してしまいます。

この本では、どこにでもいる主婦である私が暮らしのなかで見いだしてきた、心がけ、習慣、着眼点などのささやかなエッセンスを、お手軽レシピと共にお伝えできれば、と思います。

さぁ、肩の力をぬいて、お茶の間でのんびり寛いで過ごすような気持ちでページをめくってみてください。難しいことなど、何一つありませんから。

1 わたしの家事ルール

2 わが家の食卓

3 おデザなお茶の間

レシピに記載されているオーブンの温度や時間は、あくまで目安です。
お使いのものに合わせて調整してください。

My
Housekeeping
Rules

1

わたしの
家事
ルール

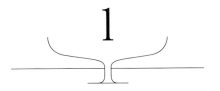

「おままごとを愉しむ」という感覚

幼かったころ、私はかなり内気な子どもでした。幼稚園では、とにかく集団生活が苦手だったことはよく覚えています。

入園したての頃、「早く家に帰りたい」とばかり考えていた私でしたが、教室に置かれていた、木でできたおままごとセットに目が釘付けになりました。サイズは子どもの縮尺にすると丁度の大きさで、ガス台や流し台もあり、かなり本格的なおもちゃです。母が家事をしているのをじっと見ている子どもでしたから、「私にぴったりの大きさの台所だ！」と小さな興奮を覚えました。けれども、内向的な性格が災いし……早速賑やかにおままごとを始めていた元気のいい女の子のグループに、自分から入れて欲しいとは到底言えるはずもありません。子どもの世界もなかなか厳しいもの。結局ほとんどそのおままごとセットを使うことなく卒園したのでした。

そんな子どもだった私もそれなりに大人になっていき、24歳で結婚することになりました。結納を済ませてからは、お給料が出るたびにわくわくしながら吟味を重ねたお鍋や食器などを1つずつ買いそろえ、期待に胸を膨らませていましたが、結婚生活は現実との向き合いでもあります。家事というものがそうは甘くないことに、遅からず気づいていきました。頑張ろうが頑張るまいが、ボーナスの査定が変わるわけではありません。24時間営業で、365日オープン。わかっていたはずなのに……途方に暮れる思いがしました。

けれども、そんなときふと思い出したのは、あの憧れてやまなかった幼稚園のおままごとセットでした。「ちょっと待って。今は誰に気兼ねするでもなく、リアルなキッチンや洗濯機、そこにとどまらず、家のもの全てを自分の好きなように使えるのだわ！」と気がついたときに、目の前がぱぁっと開けたような気分になったのです。家事は作業、仕事……と思うと、エンドレスで不毛とさえ思えるときがあります。けれども、暮らし周りの何もかも（もちろん各家庭の制約はありますが）を、自分の裁量でプロデュースできる立場にあるのだと思えば、これほどクリエイティブな「おままごと」はないのでは？と、目の覚める思いがしました。そこからは、いかに家事という壮大な「おままごと」を人生を通して愉しむか……、そこに気持ちを向けるようになったのでした。

築30年越えの社宅暮らしで学んだこと

結婚して初めて暮らしたのは、築30年を軽く超えた古い社宅でした。道路整備の計画にかかった場所にあったため、修繕も最小限に抑えられた状態で、良く捉えればレトロ、高度経済成長期にタイムスリップしたかのような建物。それでも、新しい家具や家電が搬入され、気に入ったカーテンをかけてみれば、それなりに〝ここがわが家〟という気持ちになり、無い知恵を絞って工夫しつつ暮らしていました。

ある日、社宅内で集金をする当番が回ってきました。一軒ずつ伺っているうちに「同じ築年数・間取りのはずなのに、なぜこんなにそれぞれのお宅から受ける印象が違うのだろう？」という疑問が湧きあがってきました。もちろん、家族構成や年齢、趣味の違いなどの要素はあると思います。でも、それは答えにはならないような気がしました。1つだけ、すぐに分かったのは、〝掃除が行き届いているかどうか〟ということでした。ほとんどの方が専業主婦で、午前中にはそこら中のお宅から掃除機の音が聞こえていました。皆さまとても真面目に掃除をされていたと思います。けれども、ドアを開けた瞬間に「こちらは何かが違う」と感じた数軒のお宅からは、風が吹き抜けているかのような爽やかさが感じられたのです。

「何かが違う」と感じたお宅の奥さまから、折に触れ掃除法や暮らしの工夫などを教えていただいて共通していたのは、〝管理できるだけものを持つ〟ということでした。職業柄、転勤が多いということもありますが、例えば「ホコリが積もるような飾りものは手に負えていないのだから、仕舞うなり処分するなりする」ということです。決してものを捨てることを勧めているのではなく（実際、趣味の作品を多数飾っているお宅もありました）、きちんと管理ができているかどうかを念頭において、徹底されていたということです。きっとそれはものの管理のみならず、住まいの管理や、ひいては時間の管理にも繋がっていて、スマートな暮らしぶりがにじみ出ていたのだと、主婦歴20年の今となっては理解できるのです。

主婦生活をスタートさせるタイミングで、〝住まい方次第で、家は変わる〟という暮らしの極意ともいえることを学べたことに感謝していて、時々そのこと思い出しては、「今の私はちゃんと管理できているかな？」と、自問自答しています。

角部屋よりも真ん中の部屋。家選びはマイルールで

現在住んでいるマンションを購入する際、何軒かの物件を見て回りました。どこのモデルルームに行っても、「通風・採光も良くて、まずこの間取りからご入居が決まっていきますよ」と、担当者から勧められるのは人気とされる角部屋でした。それでも、「左右上下を囲まれた部屋で、ベランダは南向きの1面のみがいいです。広さは、夫婦二人暮らしになったときにちょうど良くなるぐらいで十分です」と、希望の間取りの条件を挙げました。

角部屋を選ばなかったのは、ガラスを磨いて、レール周りのほこりを取り除いて……という、あまり得意でない窓掃除の作業をできるだけ少なくしたかったからです。ベランダも、普段見えているリビング側はどうしても目につきますからできるだけまめに掃除しますが、寝室側などは日中あまり見ないので汚れが溜まりがちで、それがストレスになることは明白でした。

そういった手入れ面での理由のほかに、私の思う〝暮らしやすさ〟からの理由もあります。確かに、窓が多くてリビング以外の部屋にもベランダがあると、気持ちがいいと思います。ただ、わが家は寒がりで暑がりなので、空調がより効きやすいことに重きを置いていました。さらに、窓が多いということは壁の面積が減るので、家具の配置や壁面装飾の選択肢が狭まるということになります。

広さという面では、年齢を重ねても管理が苦にならない程度の把握しやすい収納量と、無駄のないコンパクトな動線が確保された間取りを念頭に置いて、一番希望に近い物件に決めました。息子はいずれ自立し出ていく身なので、その後の夫婦二人の暮らしのほうがずっと長くなります。手入れの面も、暮らしやすさの面も、父や夫の転勤に伴って様々な部屋に住んできた経験からたどりついた結論です。

わが家なりの条件を優先させた家選びでしたが、狭く感じるのはもちろん避けたいところです。元々はリビングの横に和室のある、マンションで最も多い間取りの部屋でしたが、思いきって和室をなくしてしまいました。リビングが広がり、寝室のウォークインクローゼットも使いやすい形になり、廊下に納戸《なんど》を作ることもできました。「和室があったら何かと便利かも……」という考えも浮かびましたが、数年に1回あるかないかの〝もしも〟のことで、普段もっとも長い時間を過ごすリビングのスペースを狭めることもないのでは？　と思ったのです（実際に、和室を残しておけばよかったと思うことは、これまで1度もありませんでした）。

　さらに、視覚からも広さを感じられるようなひと工夫を加えています。リビングに入ってすぐのところと奥に観葉植物を配置し、その緑がベランダにある高低差をつけて並べた植木たちに繋がり、さらにベランダの奥に見える公園の木々の緑、良く晴れた日には遠くに見える山並みの緑へ……と、視線が緑を伝って手前から遠くへ順に繋がっていくように配置しています。その効果もあってか、実はさほど広さのないリビングですが、「広々して気持ちいいですね」と仰っていただくことが多く、実際とても心地よく暮らせています。

　もちろん、家選びの条件は人それぞれです。私も、将来考えが変わることもあるかもしれません。大切なことは、「一般的にはそうされているから……」ということを鵜呑みせずに、マイルールを明確にもって選ぶことだと思っています。

わが家のリビング。細かく部屋を分割しないことで、全体的に抜け感が。

「ピンと」マジックで視界をスッキリ

住まいを決めるとき、延床面積は大きな要素になります。けれども、冷蔵庫や本棚などを置いたところは動かすことのできない部分となり、生活可動域は狭まります。となると、それ以外の面積をいかに有効に使うか……ということが大切になってきます。

床に物を置かないことに意識が向かいがちですが、カウンターやテーブルの上だって俯瞰してみれば、なかなかの面積を占めているものです。それらの上に物を置いたままにしないで〝更地《さらち》化〟することは、面積を確保することになり、視界もスッキリし広く感じます。

忘れがちなのが、ベッドの上。ベッドメイキングするとき、最後にかけ布団の四隅を軽く引いて表面をピンと伸ばしておくと、ベッドの上も〝更地化〟され、きりっとした空気感が生まれます。寝室をスッキリさせたいと思ったときは、この「ピンと」マジックをぜひ活用してみてください。視界から与えられる影響は侮《あなど》れないものです。

溢れたら強制退去。リビングの私物

リビングで、家族それぞれがリラックスして過ごす時間、各自が本などの私物を持ちこむものですが、わが家では翌日になっても置かれたままになることはありません。リビングのテーブルには4つの引き出しがついていて、夫・息子・私専用の引き出しにしています（残りの1つにはCDなどを収納）。お互い何をどう入れていても一切関与せず、引き出しに収まってさえいればいい……という、適当な収納です。夫の引き出しにはサッカー雑誌、息子の引き出しにはゲームのソフトが、私の引き出しには本やカメラなどが入っています。引き出すのが重くなってきたら各自中身を見直しています。

もし仮に入りきらなくなって、テーブルの上に置きっぱなしになっていることがあると、「テリトリーからはみ出したものがリビングに持ちこまれ放置されている」と判断して、それぞれの部屋の目立つ場所に〝強制退去〟させます。それを繰り返した効果なのか、置きっぱなしになっているのを見ることはなくなりました。

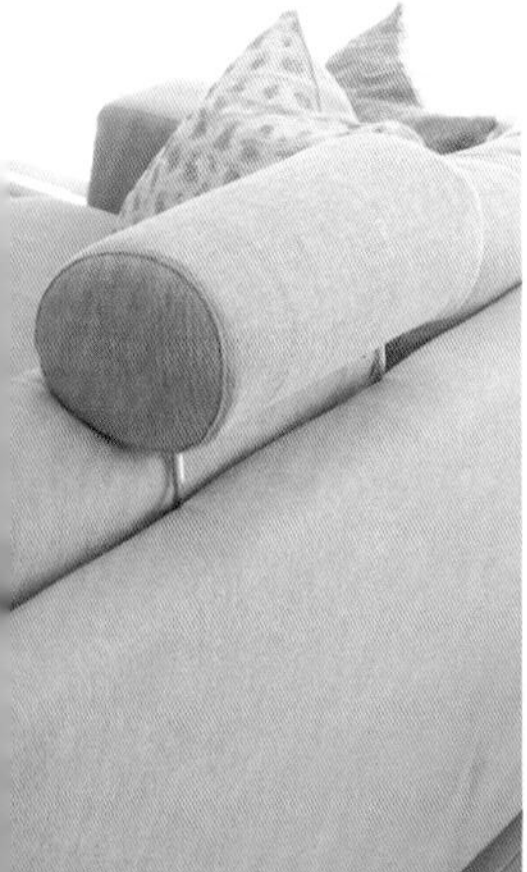

ベッドの上がすっきりしていると部屋が広く見えるから不思議。

リビング中央のテーブルは、4個の引き出しをくっつけたようなデザイン。
リビング＝パブリックスペース、引き出しの中＝プライベートスペース、と考えて。

空間に広がりをもたらす〝三角形〟

インテリアのディスプレイで意識するのは〝三角形をつくる〟ということです。まず頂点となる高さのものを決め、それより低いもの2つを底辺にして、三角形をいくつか作ります。三角形たちを意識して並べることで、空間にまとまりと広がりが生まれ、何も置かないでいるよりも、広さと立体感を感じられるようになります。

わが家を例にしますと、ベランダの植木鉢は、壁際に一列に並べるのではなく、高さの違いを利用して三角形を3つ作って並べています。それらを手前と奥に変化をつけて配置しましたら、本来の奥行きよりも広がった印象を受けるようです。チェストの上やテーブルセッティングも同様です。例えば頂点をグラスにするなら、お皿やカトラリーを底辺に、といった具合です。それが人数分並ぶことで、リズムと広がりが生まれます。このように三角形を作って、その高低差を利用することで、〝まとまっているのに印象的〟というディスプレイが簡単に実現できるようになります。

灯りを多層化して空間を演出

海外のインタビュー番組を見ていると、照明を落とした空間で話し手と聞き手が斜めに向かい合って収録されていることが多いのに気づきます。そうすることでリラックスした空気が生まれ、より深い本音を引き出せるからなのでしょう。機能性を求める学校やオフィスなら、平面的な天井からの照明も良いのですが、家に帰ってからも同じような灯りだと、緊張感がいつまでも続いてしまいます。

照明器具をペンダントライト、テーブルランプ、フロアライトなど数種類に分散させると、灯りに拡がりと奥行きが生まれ、家具を買い替えるよりもずっと家の雰囲気が変わることを実感できます。わが家では夕方から順に間接照明を灯していき、夜が深くなるごとにだんだん数を減らし、睡眠モードにいざなっていきます。テーブルにキャンドルを灯すことも、昼間との切り替えに効果的です。イッタラのキビキャンドルホルダーフロスト（１０４ページ参照）は、どんなメニューにも合わせやすくお勧めです。

本を“底辺”、松ぼっくりの先を“頂点”と見ると、三角形が成立。

ペンダント、スタンド、キャンドル。それぞれの個性で照らして。

7年前に思いきって実行した「整理収納」

「あれを使いたいのに見つからない！」とか「朝の忙しい時間に、家族から、あれどこ？と聞かれるのがイヤ」、誰しも経験のあることだと思います。そんな思いから解放されるためには……、整理収納に向き合うしかありません。そう言いますと、「使っていない物を捨てなければいけない」と考えてしまいがちですが、私の場合は「探し物をする時間を捨ててしまいたい」という気持ちから始まりました。

整理収納を実行する過程のなかで、〝物の取捨選択〟という作業は避けて通れません。まずとりかかったのは、自分自身の物と家族共有の物です。とてもエネルギーの必要な作業でしたが、一つずつ手に取ってじっくり見極めていきました。

取捨選択の後に大切なのが、自分や家族にとって使い勝手の良い収納に収めるという作業です。見た目にこだわるあまり、使い手の行動パターンに合わない収納をしていたのでは、ほどなくその収納は崩れていきます。家族の行動パターンを観察しつつ、家族にとってラクな収納と自分がラクな収納をすり合わせていきます。あとは誰が見てもすぐにわかるよう、ラベリングをする。これで完了です。私は7年前に思いきって、一連のこの作業を行い、その後大きなリバウンドもなく過ごせています。

整理収納ができると何がいいか？　探し物にかかる時間がなくなる、料理の作業工程に無駄がなくなる、掃除がラクになる、持っている物の把握ができると買い物がラクになる、人を招くことがラクになる……。とにかく何の家事をするにも、とりかかることがラクになるのです。私は整理収納のプロではありませんから、整っていない引き出しや棚の中もあちこちにあります。家族の個人的な物については全く関与していませんから家中が理想の整理収納に仕上がっているわけでもありません。けれども、その部分で自分を責め続けるよりも、その他のエリアは整っていると思えば、まあいいかとスルーできます。（たまの「優」よりいつもの「可」です）。

もしも、何から手をつけてよいのか途方に暮れているということがありましたら、プロのアドバイスを得ながら一緒に作業してもらうというのも一つの選択肢だと思います。家事の中でも〝客観視する〟という要素が大きい作業ですので、他人目線という道具を備えることで、ぐっと現実的な整理収納を実現できると思います。

上：カトラリーや箸置き類は混ざらないよう、箱で仕切って収納。
右：小皿類は引き出しに収納して、どこに何があるのか俯瞰できるように。
下：折敷やランナー類は、本棚のように手前から取れるように立てて収納。

左：テーブルセッティングに使うアイテムは、季節毎に箱に分けて収納。
右：シューズボックスに玄関で使うものを収納。使うときは引き出して。
下：形がまちまちなお菓子作りの道具類は、ファイルボックスで縦に収納。

ちょっとした工夫でラクをする

牛乳パックの底、ソースのボトルの底、ごま油の瓶の底……、その都度拭《ふ》いてから片付けられたら安心なのですが、ついそのまま……なんてことがほとんどで、冷蔵庫のポケットやキッチンの引き出しの底にこびりついている液だれにギョッとすることがあります。冷蔵庫の野菜室を覗《のぞ》いてみれば、いつの間に落ちたのか、ブロッコリーの蕾《つぼみ》や大根の葉っぱらしきかけら、じゃがいもの土がポロポロ落ちています。

定期的に拭き掃除をするのも一つの方法ですが、わが家では、底にキッチンペーパーを敷いています。こうすれば、シミに気がついたときにさっと交換するだけです。新しいペーパーを敷く前には、古い方のペーパーの綺麗な部分にアルコールスプレーをシュッと吹き付けて、さっと周りを拭き取ります。以前は古新聞を敷いていましたが、油が染みたところからインクが写ってしまったことがあり、それ以来キッチンペーパーを使うようになりました。その方が、開いたときの見た目もすっきりしています。

ごみ箱へのひと工夫もご紹介します。ごみ箱の内側に袋をセットされているご家庭が多いと思いますが、その袋の底に、夕刊紙程度の枚数の古新聞を広げておきます（こちらはごみ袋の底なので、古新聞を使っています）。その上にごみをどんどん捨てていくわけですが、生ごみやティーバッグなど少し水分の残ったようなごみから出た液だれを、底の古新聞が吸い取ってくれるので、万が一ごみ袋に小さな穴が開いていたとしても、ごみ箱の底や床を汚すことがありません。

液だれしたものをその都度拭くことは、さほど大変な作業ではないのですが、調理中だとそのゆとりのないときも多いものです。その結果できる積もり積もったこびりつきは、頑固な汚れになって掃除が億劫になりますし、何より不衛生です。

ご紹介したものは液だれに対するほんの小さなひと工夫ですが、そんなことこそ、その効果はなかなかあなどれない、と感じています。

手すり周りがさっぱりすると、不思議とベランダ全体の印象もさっぱり。

雨の日こそベランダ掃除を

大雨の日は憂鬱になりがち……ですが、私はちょっぴりうきうきします。あまり掃除が得意ではないエリアのベランダが、綺麗《きれい》になるチャンスですから！

まず、ベランダの手すりと備え付けの物干し竿スタンドを、捨てる前の古布で端から端までさーっと拭きます。雨に濡れて汚れが緩《ゆる》んでいますので、簡単に拭い取ることができ、更に空からの〝天然のシャワー〟がどんどん洗い流してくれます。その次はベランダの蛇口にホースをつなぎ、水を弱く出しながら（階下に水が飛ばないように注意）、同じく雨で緩んでいる手すりの下の壁の汚れを、ブラシで軽くこすり洗いします。ホースからの水でほとんど汚れは流れ落ちますが、ここもさらに雨が洗い流してくれます。ぱっと見さほど汚れているようには見えないベランダも、よく見ると花粉やホコリで結構汚れています。ほんの少しの手間で、雨上がりにはさっぱり綺麗なベランダになると思うと、大雨に感謝すらしたくなってしまうのです。

「プロに任せる」という選択肢

年に1度、お風呂の掃除をプロの方にお願いすることにしています。「普段からきちんと掃除していれば、プロにお願いする必要なんてない」とお考えになる方もいらっしゃるかもしれません。けれども、外しにくい部品を外しての徹底洗浄。届きにくい天井も、隅の隅まで驚くほど綺麗に仕上げてくれます。作業をしていただいた後には、きちんと洗っているつもりだった、洗面器やバスチェアが薄汚れて見えてしまって、慌てて洗いたくなってしまうほどです。新築で入居したときのように美しくなったあとは、また来年までほったらかし……ではありません。毎日ではないものの、最後に水滴を拭きあげたり、折を見て排水溝の掃除をしたりしています。そうして〝なんとなくきれい〟レベルを1年間キープして、また翌年のプロの掃除で仕上げてもらうイメージです。おかげでわが家の浴室にカビ取り剤は必要ありませんし、びしょ濡れ覚悟での掃除をすることもありません。

プロにお願いしているというと、少し贅沢な手抜きに捉えられるところもあるのですが、私は今あるものをできるだけ長持ちさせるための〝必要経費〟として考えています。作業お風呂に限らず、トイレやベランダ、エアコン掃除をお願いするときもあります。作業の後にプロ目線から見た家庭での掃除法を教えていただけることもありますし、作業されているところを見て勉強になることも多いです（幸い今は多くの業者さんがあるので価格もお手頃になってきていますが、それだけでなく、自宅に入っていただくわけですから、評判も大切だと思います。ユーザー側の見極める目も必要です）。

全て自分でしなければと思いつつ出来ずじまいでストレスが溜まっていったり、間違った掃除法で物を傷めてしまったりするよりは、プロに任せるべきところは任せるという選択肢を持てている今、それを頼るのは決して手抜きではないと思っています。

これは何も掃除に限ったことではありません。どうしようもなく仕事や育児、介護など、自分の頑張りだけでは乗り越えることが大変なときに、臨機応変に家事代行サービスや調理サービスなどに頼るのも、同様です。全てを抱えこむより、コストパフォーマンスを熟慮のうえで「ここからはプロに任せよう！」と判断できる力を持つことも、家事をするうえで大切な要素だと思うのです。

天候に振り回されない、わが家の洗濯法

わが家に初めて来られたお客様がリビングの窓からの景色をご覧になった後、必ずと言っていいほど「洗濯物はどこに干してあるのですか？」と質問されます。

その答えは……「全て浴室に干してあります！」。以前はベランダに干していましたが、夫が花粉症になったことをきっかけに、部屋干しをすることにしました。

① 朝、強めに脱水した洗濯したものをすべて浴室に干します。アイロンの必要なものは、この時点でさっとアイロンがけをして干します（38ページ参照）

② 浴室ドアを開け放して、換気扇を長時間モードでセットします。

③ 夕方以降、タオル以外はそのまま乾き具合を確認しつつ、浴室乾燥機をかけます。タオルは、ふかふかに仕上げたいので、ドラム式洗濯機の乾燥機にかけます。（この時点で7〜8割がた乾いています）。

④ハンガーで干したものは浴室から各部屋に運び、そのままクローゼットにかけます。
下着や小物類は小物干しから外して、その場で仕舞います（39ページ参照）。

わが家では、洗濯用ハンガーとクローゼットのハンガーは、同一のものを使っているので、乾いたらそのままクローゼットにかけて仕舞うことができます。その際に、クローゼット内でその日に着た服がかかっていた、空のハンガーを回収して洗面所に戻せば、ハンガーの数をほぼ過不足なく管理することができるのです。

年中乾燥機を使うことは贅沢に思われがちですが、紫外線で服が色あせることもありません。暑い季節に汗をかきながら、寒い季節に震えながら干すこともなく、夕立に慌てることも、大量の洗濯物を抱えて家の中を移動することもありません。洗濯物からいつのまにか落ちてしまった、糸くずや髪の毛でベランダが汚れることもありません。

何より、いつも同じ時間に洗濯↓仕舞うという行為が終わるという安定感は、ほんのわずかなことに見えて、夕方から夜にかけての家事を円滑に進める効果があるのです。雨の日ようやく家に着いて、やっとひと息……そんなときに、部屋に生乾きの洗濯物がたくさん干されていたら、それだけで疲れが増してしまいます。10年来この方法が定着しているのは、ストレスフリーの効果を実感しているからだと思います。

ストレス0《ゼロ》で美しく仕上げるアイロン術

アイロンをかけること……苦手ですか？　かつては私も苦手でした。少しでも楽に美しく仕上げるには、どうしたらいいのかを考え、次のような方法に辿り着きました。

①脱水後、アイロンの必要なものだけドラム式洗濯機の乾燥機に30分ほどかける。

②30分の乾燥後、湿ったままでアイロンをかける。

③アイロン後、そのまま浴室内で干す。

湿っているのでスチームも要りませんし、アイロンを滑らせたところにはピシッと美しいラインが入ります。さらに水分の重みが残ったまま干すので、重力のおかげでさらにしわが伸びた状態で乾きます。息子には「中学生になるまでに、制服の手入れくらいは自分で出来るように……」と試行錯誤しつつ教えましたが、気がつけば大学生になった今も、休日には任務を引き受けてくれています。夫のワイシャツの品質表示を見て設定温度を変えていて、なかなか私よりも上手なのですよ。

洗濯物は各自で管理、衣替えは一斉に

浴室で乾かした洗濯物は、寝室と息子の部屋に運びます。ほとんどがハンガー掛け収納ですので、先にも述べましたように、乾いた服は干したハンガーのままクローゼットへ。下着や小物類は、各自が畳んで引き出しに仕舞います。

家族の衣服は1か所で管理するほうが効率的なのですが、わが家では間取りの都合上こうするしかなかったのが実情です。けれども、人任せではなく自ら毎日仕舞うことで、否が応でも手持ちの服に目が行き届くようになりました。そして、衣替えは家族一斉に行います。周りで取捨選択をしているのを見ていると、自分も「もう着ない服があるかも？」と思えてくるから不思議です。全て終えた頃には、毎回なかなかの量の服が袋に入っています。リサイクルショップ行き、資源ごみ行き、掃除用に分類して終了。リサイクルショップに行くのはひと手間ですが、帰りにカフェでご褒美のコーヒーを飲めるくらいにはなっています。

目標は、たまの「優」よりいつもの「可」

家事はエンドレスな作業です。綺麗に掃除したと思っても、夜になればまた元の木阿弥。食事を作って片付けても、また次の食事。洗濯ものは次々と洗面所に……。けれども、しないままでいては心地よく暮らせませんから、誰しも気持ちに折り合いをつけながらこなしているのだと思います。

以前、床の拭き掃除にあまりに集中した結果、膝頭を擦りむいてしまったことがあり、もうしばらく拭き掃除をしたくなくなってしまいました。すると一生懸命拭いて完璧に掃除されていたはずの床が、いつの間にか黒ずんできて……それを見てはため息……さらに汚れは積み重ねられていく……。そんな負のループに陥ったことがありました。けれども、家というものは本来、人が生活をする場所ですから、汚れて当然なのです。掃除をいくら完璧にしたとしても、それを「汚さないで！」と思うのは無理な話です。もちろん、雑巾を手に一生懸命掃除をする日があっても良いのですが、思いついたときに、例えば水拭き用ペーパーモップでさっと拭き掃除をすることを継続するほうが、案外さっぱり感が続くものです。

食事作りも同じです。完璧な栄養バランスで彩りも美しい食事が毎食だったら、どんなに素晴らしいかと思います。けれどもそれを続けようとするあまり、食事の支度をすることが億劫になったり、家族が話しかけてきているのに待ったをかけたりするようなら、本末転倒です。品数が少なくたって、昨日の残りものがまた出てきたって……1週間単位で大まかに見て、栄養バランスが取れていたら十分だと思います。何より、のんびりした気持ちで用意して食べる食事の方が、心も体もうれしいはずです。

そんな経験を繰り返すうちに、満点を目指さなくてもいいのでは？　家事においてはそこそこのレベルを続けていくことの方が大切なのでは？　と思うようになりました。肩の力をぬいて、出来る範囲のちょっとだけ効果的なことを続けていこう、と切り替えたことで、うんと気持ちが楽になりました。現実は、〝何とかこなしている〟状態の日も多いのですが、それでもトータルでの家事クオリティは上がったように思います。

目標は、たまの「優」よりいつもの「可」。心の中に静かに掲げているスローガンです。

家事アイテムが増えてきたら要注意

ホームセンターやドラッグストアなどに行きますと、びっくりするくらいの便利グッズや洗剤などが売られています。

どれもパッケージを見ては、「こんなに便利なものが！　これで調理時間が一気に短縮されるかも？」とか、「この洗剤を使えば、あの掃除から解放されるかも？」という気持ちにさせられます。けれども、そこは落ち着いて。一回売り場を離れて、「それ本当に必要？」と考えることにしています。大抵の場合は、手持ちのもので代用できたり、そもそも必要でなかったりすることがほとんどです。

そういうアイテムに惹かれるときは、家の中が片付いていなかったり、料理がなおざりになっていたり、心の隅で気になっていることを、便利グッズで穴埋めしようとしているだけなのです。その気づきを得てからは、〝あったらいいな〟は、〝無くてもいい〟であることを念頭に、必要かどうかを慎重に判断できるようになりました。

￥100のミルクフォーマーは、少量の生クリームの泡立て用。これは私の中でOKアイテム。

家族のために決めていること
1

見送りのときのひと言

慌ただしい朝、必ず笑顔と明るい声で「いってらっしゃい!」と見送ると決めています。心のなかでは「無事に帰ってきてね」と願いを込めて……。

朝出かけていった家族が夜に再び揃うことは、決して当たり前のことではなく、奇跡の積み重ねだと思うのです。私も含めて、外出先で事故に遭うかもしれませんし、突然の病気で帰らぬ人になる可能性だってないとは言えません。そこを思えば、「おかえり!」という瞬間に安堵と感謝の想いで日々胸がいっぱいになるのです。笑顔や明るい声で見送るのは、もしこの見送りが最後なら……家族が最後に目にした私は、いつも通りお気楽そうだった、なんて思い出してもらえるといいなと思うから。怒った顔や声がお互いの最後の記憶になるなんて悲しすぎます。笑顔の見送りは、遺された側がどちらであっても、その後の人生から小さな悔いを取りのぞいてくれるのでは?　と思います。そして明るく見送った記憶が、どうかこれからも長く更新され続けますように……と願ってやまないのです。

Our
Dining
Table

2

わが家の食卓

おデザづくりのきっかけ

小学2年生のころ、同じ社宅に住むWちゃんの家へ、初めて遊びに行きました。その時の記憶は今でも鮮明で……その後どういう大人になりたいのかを決定づけた日だったと認識しています。

父が勤めていた会社はとても転勤が多く、社宅に住むどの家庭も、引っ越し易い無難な生活スタイルが必然的に多かったように思います。けれども、Wちゃんの家は同じ建物なのにとてもそうは思えないほど手のこんだ暮らしぶりでした。薄いグレーだったキッチン扉には、木目のシートが貼られていて、台の上には当時の家庭用としては珍しいガスオーブンがどんと鎮座していたことにびっくりしました（その他にも和風の内装を、あらゆる工夫で洋の空間にされていたのが、今はよくわかります）。

そして、おやつの時間ということでテーブルを囲みました。物入れの扉を、Wちゃんのママがひらいたその時、私は息をのみました。たくさんのお手製のお菓子のストックや材料たちがびっしりと詰め込まれていて、それはもう〝壮観〟というほかない食材庫の景色が広がっていたのです（後に聞いた話では、甘党なパパのために、好きなお菓子を常に作ってストックされていたそうです）。そこから取り出し切り分けてくれた、ドライフルーツやナッツがたっぷり入ったケーキの美味しかったこと！　そして子どもにもかかわらず、きちんと紅茶を淹れておもてなしをしてくれたことにいたく感激したのです。

多分、その日家に帰ってからの私は、母にどれだけ驚いてどれだけ嬉しかったのかをしつこく話したのだと思います。元々手づくりのおやつを作ることもあった母でしたが、娘の勢いに半ば押されたのか、Wちゃんのママにお菓子作りを習いに行ってくれたほどでした。その後も引っ越すまで遊びに行かせてもらっては、お菓子の焼けるいい匂いに幸福感を味わっていました。そして、子供心に「将来はお菓子の好きな人と結婚して、毎晩自分でつくったお菓子でお茶の時間をもつ暮らしを送りたい」と目標を掲げ、本を見ながら試行錯誤のお菓子作りを始めたのでした。

あれから35年……。いつも手作りとはいきませんが、平日は夕食後、休日は3時と夕食後の2回。甘いもの好きな夫と息子とともにおデザ時間を過ごしています。

夜の「おデザ時間」は家族揃って

平日は、帰宅時間によって家族それぞれが別々の時間に夕食をとることの多いわが家ですが、食後の「おデザ時間」は必ず家族揃って……というのがお約束です（休日には3時にもあり、合計2回おデザ時間があります）。

この習慣のことを話すと、「えっ？　食後に毎晩？」と必ず驚かれてしまうのですが、お酒を家でいただく習慣のないわが家にとっては〝晩酌〟のようなものなのだと思います。

おデザ時間には、その日あったことを話すときもありますが、テレビを見ながらとりとめのない会話を交わしたり、次の日の予定を伝えあったり、全員がそれぞれスマートフォンを見ていることもあり……、とにかくこれというルールもなく、飲みものとともにデザートを食べながら、ゆるゆると過ごしています。

昔の日本でそうであったように、囲炉裏を囲んで過ごす時間のようなものでしょうか。

2

わが家の食卓

今日の疲れを癒すとか、そんな大げさなものではなくて、ただなんとなく今日という一日がもうすぐ過ぎていくということ、明日も同じ感じでいられたらいいな、なんてことを考えているのか考えていないのか……その意味合いも考えることもないくらい、結婚以来ずっと続けている習慣なのです。

そんなゆったりとした時間を、家族も大切な習慣と感じてくれているようで、大体そのぐらいの時間になるとわらわらと集まってきたり、「用意ができたよー」と声をかけると、必ずさっと集合してくれています。「今はいいから後にする」と言われることは、ほとんどありません。出張や合宿から帰ったときは、おデザ時間を過ごすことで「あー、家に帰ってきたー」と、ひと心地つけているようです。

自宅で「おデザなお茶の間」という教室を始めてからは、試作への容赦ないダメ出しの場となることもありますが、最も多く私の作るデザートを食べ続けてくれた家族は、間違いなく微妙な違いを感じてくれていると思っていますので、彼らがくれるストレートな意見をありがたく参考にさせてもらっています。

小さなトレイにのせて、それぞれに「どうぞ」。

あんこのお饅頭に紅茶。ひと口の甘い幸せを一日の終わりに共有。

味のバランスが重要 組み合わせは自由に

わが家ではデザートが食卓の主役です。一般的な順序とは逆なのかもしれませんが、まずデザートを何にするかが決まっていて、夕食は、その日のデザートと味わいや量がなるべくけんかしない組み合わせを考えて献立を決めています。例えば、さっぱりしたゼリーの日には、青椒肉絲《チンジャオロウスー》などのこってりした主菜を作り、バターの風味が濃厚なパウンドケーキの日には、うす味の煮ものを煮て……といった具合です。

食事をしっかり食べすぎると、最後に出されるデザートはどうしても、おいしく食べることができません。その一方で、似た味のものが続くと、味のtoo《トゥ》 much《マッチ》感は否めません。夕食後のデザートの最後のひと口を食べた時点で、その日の食事のすべてが終わると考えていますから、可能な範囲で量と味のバランスには気を配っています。

そしてそんなデザートに合わせる飲み物は、ジャンルにとらわれずに合わせています。お饅頭には、緑茶を合わせるのがルールでしょうか？　私は決してそうは思いません。

郵便はがき

112-8731

料金受取人払郵便

小石川局承認

1875

差出有効期間
2020年6月27日まで

切手をはらずにお出しください

東京都文京区音羽二丁目
十二番二十一号

講談社エディトリアル 行

ご住所	□□□-□□□□		
(フリガナ) お名前		男・女	歳
ご職業	1.会社員 2.会社役員 3.公務員 4.商工自営 5.飲食業 6.農林漁業 7.教職員 8.学生 9.自由業 10.主婦 11.その他( )		
お買い上げの書店名	市 区 町 書店		
今後、講談社より各種ご案内などをお送りしてもよろしいでしょうか。 送付をご承諾いただける方は○をおつけください。	承諾する		

TY 000015-1806

愛読者カード

今後の出版企画の参考にいたしたく、ご記入のうえご投函くださいますようお願いいたします。

本のタイトルをお書きください。

a 本書をどこでお知りになりましたか。

1. 新聞広告（朝、読、毎、日経、産経、他）
2. 書店で実物を見て
3. 雑誌（雑誌名　　　　　　　　　　）
4. 人にすすめられて
5. 書評（媒体名　　　　　　　　　　）
6. Web
7. その他（　　　　　　　　　　）

b 本書をご購入いただいた動機をお聞かせください。

c 本書についてのご意見・ご感想をお聞かせください。

d 今後の書籍の出版で、どのような企画をお望みでしょうか。興味のあるテーマや著者についてお聞かせください。

ご協力ありがとうございました。

2

わが家の食卓

家で愉しむものですから、もっと自由に……そのとき家にあるものの中で、ベストだと思うものを組み合わせています。例えばその日がとっても暑い日だったなら、きりりと冷やして淹れた苦みばしったコーヒーを。また、とっても寒い日だったなら、焚火のような香りがただよう熱い番茶を。いずれも、お饅頭にはぴったりの組み合わせです。

様々なパターンに対応できるように、わが家では大きくジャンル分けをして、「紅茶」「日本茶」「中国茶」「ハーブティー」「コーヒー」を、常にそれぞれ数種類ストックするようにしています。飲みものというのは不思議なもので、それ単体としていただくのももちろん美味しいのですが、食べものと組み合わせることで、その魅力が2倍にも3倍にもなるのがとても愉しく興味深いところです。

自宅教室「おデザなお茶の間」では、そんな日常のなかから生みだされた、軽食を含めたデザートと様々な飲みものとのベストな組み合わせをご提案しております。ありがたいことにメンバーさまから「自分では普段こんな組み合わせをすることがありませんが、合うものですね！」「最後のひと口、一滴まで堪能しました。」と、嬉しいご感想をお寄せいただいており、そんな時は心の中で小さなガッツポーズをしています。

実家では、“焼き芋にはコーヒー”が定番でした。わが家でもついその組み合わせに。

「あれを合わせよう」を速やかに叶えるために、取り出しやすさは大切。

ホッとする味　日常の味

わが家で作る手づくりのデザートは、すぐに手に入る材料で、肩の力を抜いて作れるようなものがほとんどです。残念ながら私は手先が器用とは言えず、どれも素朴な見た目のものばかりです。華やかなものに憧れて、何度かデコレーションにチャレンジしては断念したり、材料を買いそろえて本格的なレシピのお菓子を作ってみては、残った材料を使いきれずもったいないことをしたり……。「本当にこういうものを作りたいのかな？」と、後悔をしながら自問自答を繰り返す日々でした。

ここ10年くらいでしょうか、そんな葛藤も、いつの間にかすぅーと消えていきました。そもそも家族は、華やかさや本格的かどうかなんてことは全く望んでおらず、シンプルに〝食べたいものを食べたい〟だけなのです。

彼らが好むのは、甘さが控えめで素材の味がしっかり感じられるお菓子であり、それは等身大の私が無理なく作ることのできるものばかりでした。もちろん、フルーツで彩

2

わが家の食卓

られた華やかなケーキや、吟味された材料で手間のかかった和菓子なども大好きです。でもそれはプロの領域であり、たとえ少々お値段が張るようなことがあったとしても、あくまでプロの積み上げてきた職人技に対する敬意としてお支払いすべきものだと思いますので、そこに思い至ってからは、以前より気持ちよく購入できるようになりました。

旅行は刺激的で楽しいけれど……家に帰ったらホッとするのと似た感じで、たまにはお店の味にときめきたいけれど、それが毎晩デザートとして出てきたら、きっと胃がびっくりしてしまいます。提供するのはあくまで家庭の味です。作り手である私が億劫にならない程度の、ごく簡単な手順。材料はできるだけ無理なく使いきれるもの。口にはこんだ瞬間、「ほっ」としてもらえるような味。そんな基本的なポイントを追究しつつ、今日もおデザ時間のために手を動かしています。

夜のおデザ時間に最も多く登場するのは、家で作ったごく簡単なお菓子たちです。日中作っておく時間がなく、夕食の支度をしながら作ることも多いのですが……それでも出来てしまう簡単なものばかりです。どこにでも売っている材料で、手間は最小限、覚えやすいキリのいい分量を心がけたレシピになっております。「お菓子づくりは計量が苦手で……」「たまには子どもにおやつを作ってあげたい」、そんな方にこそぜひ試していただきたい、ケーキよりずっと手前の、ふだん着レシピたちをご紹介します。

recipe

01

栗のティラミス グラノーラ添え

混ぜるだけ…の簡単レシピ。

市販の甘露煮を使うので、シーズン問わず作れるのが嬉しいところです。

材料 (6 ～8人分)

A
- 栗の甘露煮(市販品)…8 ～ 10粒(1瓶)
- 栗の甘露煮(市販品)のシロップ…大さじ1
- 生クリーム…150 ～ 200cc
- マスカルポーネチーズ…100g

純ココアパウダー…適宜

グラノーラ(市販品)…適宜

作り方

1. Aの材料をミキサー(ハンドブレンダーも可)に入れ、はじめはさらさらしているが、もったりするところまで攪拌《かくはん》する。ただし栗のサイズはまちまちなので、生クリームは様子を見ながら量を加減すること。
2. 器にグラノーラ(抹茶やきなこなど和風のフレーバーのものがおすすめ)を敷き、スプーンで1.をぽとりと落とし、ココアを茶こしで振りかけて仕上げる。

*グラノーラの代わりに、苺やブルーベリーなどのフレッシュベリーを底に散らしても合う。

recipe

02

ナッツのキャラメリゼ

コーヒーに合いますが、意外と日本茶にも合います。

材料 (約20個分)

ミックスナッツ(無塩)…100g　無塩バター…10g　グラニュー糖…50g

作り方

1. ミックスナッツを150℃に温めたオーブンで5分程度サッと空焼きし、粗く刻む。
2. 火にかけたフライパンでバターを溶かし、グラニュー糖を加えへらでぐるぐる混ぜる。キャラメル色になったら、火を止める。
3. 1.を手早く加え、小さじ1ぐらいの大きさに小分けにして、オーブンシートの上で冷ます。やけどに注意。

*湿気を好まないので、食べるまでは密閉容器に入れておくこと。

2
わが家の食卓

recipe
01

栗のティラミス グラノーラ添え

recipe
02

ナッツのキャラメリゼ

recipe

03

もちもち揚げドーナツ

揚げたてはふわふわ、冷めるともちもち。
お豆腐が入っているので、冷めても硬くなりません。

材料（直径4cm 約20個分）

A
- ホットケーキミックス…200g（1袋）
- 充填豆腐…150g（１パック）
- 卵…1個
- 牛乳…大さじ2

粉糖・シナモンパウダー…適宜

作り方

1. Aの材料をすべて合わせて、ホイッパーでぐるぐる混ぜる。
2. 180℃に熱した油の中に、スプーン２本で落としながらさつま揚げくらいの色になるところまで揚げる。竹串をさして、火が完全に通っているか確認をする。
3. お好みで粉糖やシナモンパウダーを茶こしでふって仕上げる。なしでもOK。

＊充填豆腐がない場合は絹ごし豆腐を使ってもOK。

recipe

04

コーヒーゼリーパフェ

インスタントコーヒーで作る、お手軽レシピ。
濃いめに淹れたレギュラーコーヒーで作れば、なお美味しいです。

材料（6～8人分）

インスタントコーヒー…10g
グラニュー糖…10g
水…500cc
ゼラチン（ふやかし不要のもの）…5g（1パック）
生クリーム…適宜
バニラアイスクリーム…適宜
チョコクランチ菓子…適宜

作り方

1. 小鍋で沸騰させた湯の中にコーヒーとグラニュー糖を入れ、しっかり混ぜる。
2. 1にゼラチンをすぐに入れよく混ぜる。
3. 耐熱容器に流し入れ、粗熱が取れたら冷蔵庫で半日以上冷やす。
4. スプーンで器にもりつけ、ゆるめにホイップした生クリーム、バニラアイスクリームを添える。あればチョコクランチ菓子を砕いてトッピングする。

recipe
03

もちもち揚げドーナツ

recipe
04

コーヒーゼリーパフェ

recipe

05

おはぎ

ご飯を潰さずそのまま丸める、
自家製ならではのおはぎ。
もち米の炊きあがる香りから、ごちそうです。

材料（8センチ大のもの約6個分）

A
- もち米…1合
- 白米…0.5合
- 水…300cc

あんこ…約200g
黄な粉…適宜

作り方

1. Aを炊飯器で炊く。
2. 炊きあがった1.がまだ温かいうちに、しゃもじで6等分の印をつける。
3. ラップを広げ、1個分のご飯を薄く平らな円形にならす。
4. あんこを3のご飯の中央にのせ周りからラップで包みこむようにして丸める。このとき、あまりあんこを入れすぎないこと。
5. 黄な粉をざるを使って振りかけ、仕上げる

＊硬くなったら、ふわっとラップをかけて電子レンジで少し温めると再び食べやすくなる。（温めすぎると破裂してしまうので、様子を見ながら温めること。）

recipe
05

おはぎ

recipe

06

カリカリ☆アップル&ベリー

赤い色が、冬のおもてなしにぴったり。
温かいうちにアイスを添えて、
温度と食感のコントラストを愉しみます。

材料（4～6人分）

A
- りんご（1個を12等分のくし形に切り皮をむいておく）…2個
- 冷凍ブルーベリー…40g
- グラニュー糖…40g
- 無塩バター…40g
- シナモン…適宜

くるみ…適宜
グラニュー糖（ふりかけ用）…適宜

作り方

1. オーブンを230℃に予熱しておく。
2. 鍋にAを入れ、りんごにブルーベリーの色がしっかりついて、しんなりするまでへらで混ぜながら中火にかける。
3. 耐熱皿に、2.を煮汁ごと並べ、その上にくるみを砕きながら散らし、くるみにかかるようにふりかけ用グラニュー糖をかけ、230℃に温めたオーブンで約10分焼く。（くるみがこんがりとしていたらOK。）うつわに取り分けて、バニラアイスクリームを添える。

＊バターは有塩でもOK。その場合は甘さを強く感じるので、グラニュー糖をやや減らす。
＊温めなおすときは180℃に温めたオーブンで5分ぐらい焼く。アルミホイルで蓋をして、焦げないよう注意する。

recipe
07

塩レモンのチーズケーキ

塩レモンがきりりと効いた、
甘さ控えめなレシピです。

材料（直径15センチの底の抜ける丸型1個分）

クリームチーズ（室温で柔らかくしておく）…250g
グラニュー糖…70g
卵（溶きほぐしておく）…2個
生クリーム…100cc
薄力粉（ふるっておく）…大さじ2
塩レモン（市販の刻んであるもの）…小さじ2

作り方

1. オーブンを170℃に予熱しておく。型の内側にオーブンペーパーを敷く。
2. ボウルにクリームチーズ（指で押すとすぐに中に入るくらいの柔らかさ）を入れ、グラニュー糖、卵、生クリームを順に入れながらハンドブレンダーで混ぜていく。
3. 2.を型に流し入れ、170℃に温めたオーブンで約40分焼く。全体的にきつね色になり、竹串を刺して何もついてこなければOK。

＊ハンドブレンダーがなければ、ホイッパーでも作ることができる。ただし、混ぜ残しがないように、よく混ぜること。

recipe
06

カリカリ☆アップル&ベリー

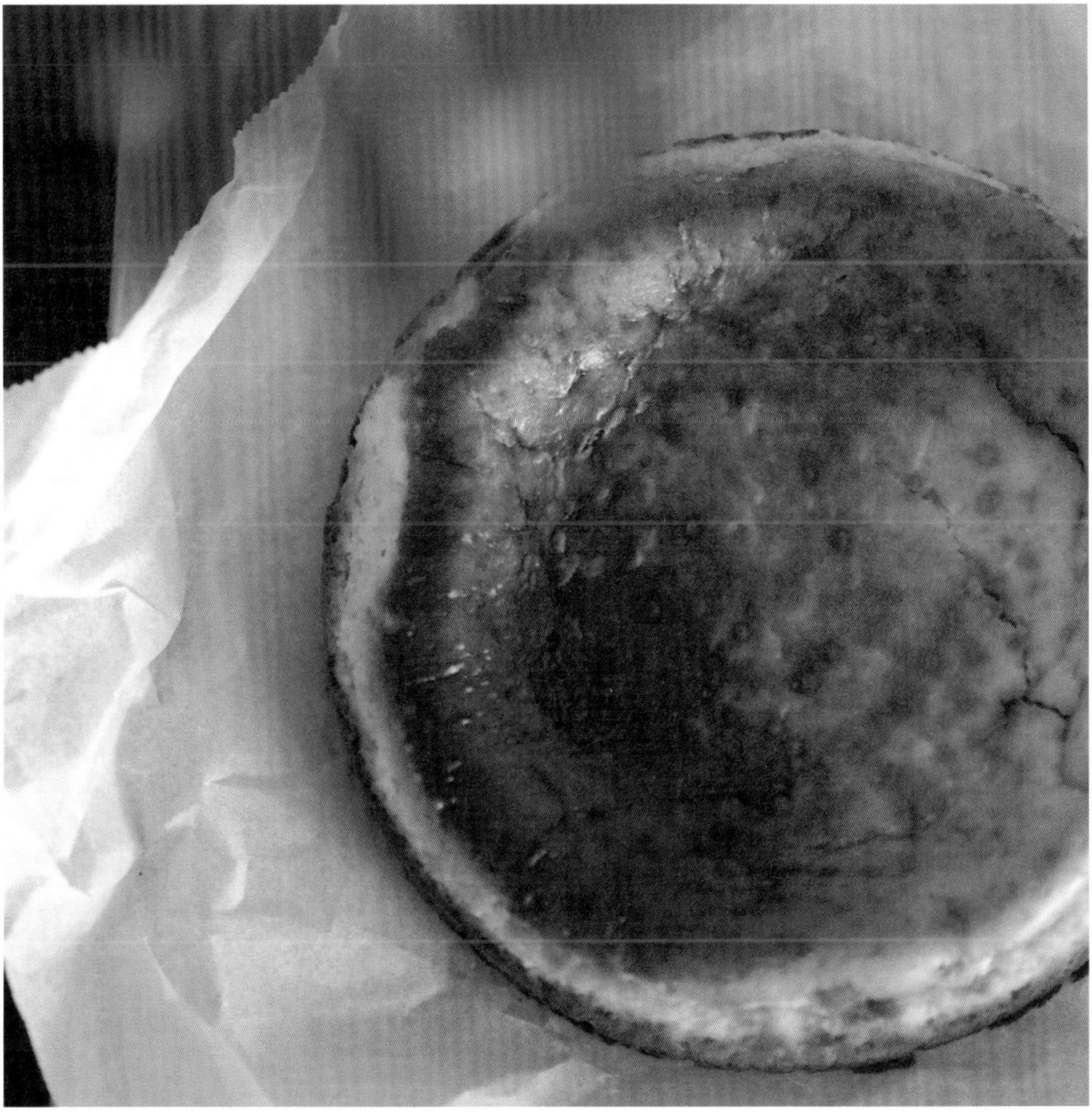

recipe
07

塩レモンのチーズケーキ

コンビニのお菓子にも敬意を

手作りのデザートを用意できずにいて、買い置きのお菓子もない日などは、コンビニに駆け込んでなんとか調達したことも数知れず……、本当に頼りになる存在です。それどころか、ここ数年のコンビニスイーツの進化には、目を見張るものがあります。売り場を覗くと、スイーツのトレンドがうかがえるくらいです。

そんなコンビニのお菓子を購入したとき、例えばカップならカップに入ったままの状態でいただいてももちろんいいのですが、家に持ち帰っているのですから、できればひと工夫をして「これどこの？」と言わせてみたいものです。

カップに入ったゼリーならば、スプーンで少し崩しながらガラスのコップに盛りつけます。もし家でミントを育てているなら、上にちょこんと乗せてみます。すると、パックに入っていたゼリーがより生き生きしておいしそうに見えるようになります。また、レジの手前に売られているお饅頭。一人に一個は、少し甘すぎるように感じてしまうときには、包丁でカットして一口ずつ食べられるようにします。そのままだと、いかにも切り分けただけ……という印象はぬぐえません。それをピックで刺すと、食べやすいのはもちろん、高さが出ることでちょっとおしゃれな感じに変わります。それだけだと少し寂しいので、同じくコンビニスイーツの杏仁豆腐を小さなカップに盛り分けて、さらにおつまみコーナーのドライフルーツも添えてみれば、ちょっとしたシノワなデザートプレートの出来上がりです。

ここでご紹介したのは、ほんの一例に過ぎません。盛りつけという、ほんのささやかなひと手間をかけるだけで、画一的に売られていたコンビニスイーツの魅力はどんどん増します。デパ地下に行かずとも、ちょっと嬉しくなるデザートのおもてなしは出来てしまうのです。もちろん、ほんのひと手間をかける元気もないくらい疲れている日もあるでしょう。でも、出来るときにはやってみる。やってみることで、その効果を実感でき、次回はこうしてみようとか、新たな発想が湧いてくるものです。そして、いざというときにも慌てずスマートなおもてなしができるようになります。

コンビニのお菓子にも最大限の敬意を。ほんのひと手間の向こうには、おいしさだけでなく、満足感というご褒美が待っています。

女性は特に、“少しの量を色々と”が好き。小分けワザは喜ばれる可能性大。

並べ方が単調にならないように、高さや向きで変化をつけて。

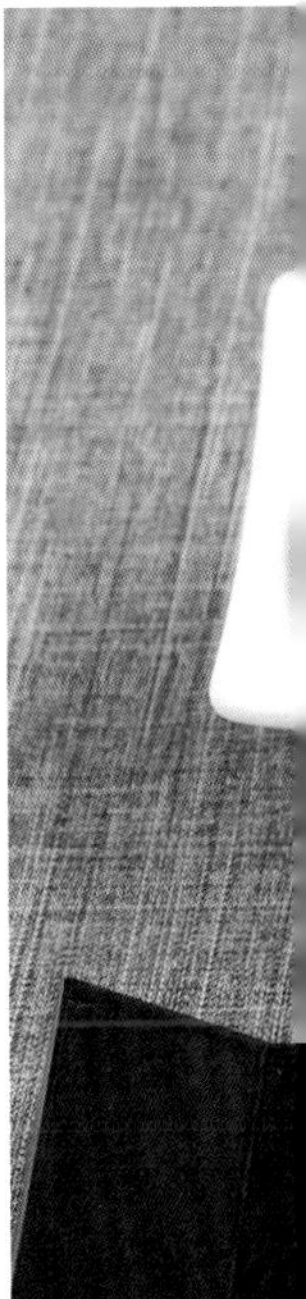

おデザの愉しみ方

おデザ時間は、基本的には家族がそろったときに提供しますが、例えば平日や家族が出かけている週末の午後などには、私一人でもその時間を設けています。「どのみち一人なのだから……」と、袋を開けてそのままいただいたり、飲みものはペットボトルから注いだり、ということは決してしません。たった一人、そしてそれが自分自身だったとしても、必ず一人分のお茶かコーヒーをじっくり淹れますし、デザートはそのデザートがより魅力的に見えるよう、手もちの器にどう使って出すかを考えます。そして好きな音楽をかけたり、テレビ番組を見たり……。

そんな私にとって至福である一人のおデザ時間を過ごす中で、「この飲みものには意外とこのデザートが合う！」と気がついたり、「このグラスはこういう場面でも使える！」と気づかされたりして、それがのちに家族そろったときのおデザ時間や自宅教室に生かされてくるのです。何事も日々の積み重ねは大切で、こういったひとりの〝自主トレ〟

が、知らず知らずのうちに、私の引き出しを増やしてきてくれたのではないかと思います。

このようなおデザ時間を過ごすためにも、空間はできるだけ整えておきたいものです。片付いていない部屋やテーブルの上の景色が目に入ると、せっかくの美味しさも半減してしまいますし、いいアイデアも浮かんできません。持っているはずの食器が出しづらくなっていたら、妥協して作った舞台にデザートを迎えることになります。

「すっきりしたおしゃれな空間にしたい」というのが、一般的な整理収納やインテリアを整えることへの動機づけだと思うのですが、私の場合は、「ゆったりと、おデザ時間を愉しみたいから、雑多なもののない、心地よいインテリアを構築したい」というアプローチからでした。さらに言えば、家事をできるだけストレスフリーに行いたいと思うのも、健康に気を配るのも、目的はただ一つ。すべては「心地よいおデザ時間を過ごすため……」に他ならないのです。

自分自身のためだけに過ごすおデザ時間は、私にとっては自分をもてなすために、そして家族そろったときにより心地よいおデザ時間にするために、なくてはならないひとときなのです。

トレイと同系色の茉莉花茶と焼き菓子の組み合わせの美しさに、ハッとした瞬間。

ベランダに出て、景色をのんびり眺めながら自分を“おもてなし”。

納得して選んだわが家の〝逸品〟

小さなインテリアのアイテムで、良い買い物をした、と感じているものがあります。例えば、木製のスツール。文字通り、スツールとしての機能を充分に果たしているのですが、それよりもソファに座った時のサイドテーブルとしての役割のほうがわが家では主になっています。

元々3人掛けソファの前に収納を兼ねたリビングテーブルはあるのですが（21ページ参照）、2人掛けソファからだと少し遠いのが気になっていました。さらに、リビングテーブルとして作られているものはそのほとんどが少し低めの30㎝程度の高さに作られていることが多く、それは空間を広く見せることには役立っているのですが、何かを書いたりケーキをフォークでカットして口元に運んだりするまでには使いづらさを感じてしまう高さでもあるのです。その点、スツールは45㎝程度の高さがあり、たかだか15㎝の違いとはいえ、とても使いやすい高さになります。

そのスツール選びの条件は、座面が平らであること・軽量で運びやすいものであること・手持ちの家具に馴染むものであること、でした。

ある日、雑貨店で食器を見ていた時に出会ったのが、現在愛用しているスツールです。全ての条件を満たしているのは言うまでもなく、一見アンティークに見えますが、実はそう見えるように作られているものなので、予算よりずっと控えめなお値段でした。毎日〝ひょい〟とあちこちに動かして、便利に使っています。

スリムなフロアスタンドも、お気に入りです。元々は楽譜を見やすくするために使っていましたが、電子ピアノを手放した今は、リビングの角を照らす間接照明にしたり、読書をするときの手元の灯りにしたりして使っています。量販店の手頃なものでしたが、10年以上経っても変わらず使えていますし、飽きのこないすっきりとしたデザインにも愛着を感じています。

何においても〝名品〟を揃えられたなら、それはきっと素敵なことでしょう。けれども、あくまで「あったらいいな」くらいの補助的な役割のものならば、このくらいで充分。自分自身が納得して選んだものだから、お値段はどうであれ〝逸品〟だと思っています。

スツールはソファから手をのばしやすい、"ちょうどいい"高さ。

ピンポイントで照らされることで、夜の読書はより落ち着いたものに。

冷凍食品・レトルト食品との付き合い方

ここで少しお料理のお話を……。手抜きの代名詞のように言われてしまいがちな、冷凍食品やレトルト食品。私は〝便利と安心を購入している〟という気持ちで、ありがたく使わせていただいております。

私自身の会社員時代と、息子の幼・中・高の間ぐらいしかお弁当作りをしたことはありませんが、それでもお弁当作りはいつも機嫌よく……とはいきませんでした。寝過ごし気味の日もありましたし、マンネリ化してしまうこともしょっちゅう。それでもどうにか続けられたのは、最後の砦としてストックしてあった冷凍食品の力を借りた日があったからです。また、昨今の厳しすぎる夏の暑さでは、自然解凍で食べられるおかずを〝お弁当箱の中に入れられる保冷剤〟として、すがるような気持ちで使わせていただく日もありました。

レトルト食品につきましては、週末のお昼ごはんを大急ぎで作らなくてはならないようなときに、例えば麻婆豆腐の素を〝味のブレがない合わせ調味料〟としてパスタソースに使うことがあります。また、旅行から帰ってきた日には外食にも飽きていて、でも作る元気もない……そんなときにレトルトカレーがあれば、ごはんを炊くだけでなんとか夕食にありつけます（カレーライスがある！　と思うと、温めるついでにサラダや小鉢くらいなら作ってしまおうと思えるから不思議です）。

冷凍食品やレトルト食品は、最大公約数的に誰もが「おいしい」と感じられる味を念頭に作られているため、当然ですが〝わが家の味〟ではありません。きっと毎日食べ続けていたら、さすがに飽きてしまうのだろうと思います。

大切なことは、しっかり舌が記憶している、普段の〝わが家の味〟があること。それがあれば、時と場合に応じて自信をもって、自分なりの方法で冷凍食品やレトルト食品を便利に使いこなせばいいと思います。

また、非常時の食糧の備えが常識となっている現代では、おかゆやカレーなどのレトルト食品は、非常食に次ぐ大きな役割を担ってくれることと思います。常温のまま食べられるタイプや比較的長い賞味期限のものを日ごろからチェックしては、家族の好みに合うものをローリングストックするようにしています。

〝麻婆パスタ〟は、友人宅でいただいてからわが家でも定番に。麻婆豆腐の素とベーコンをパスタと和えながら炒めるだけ。

チルド焼売の表面の脂を利用して周りを焼きつけると、お昼になってもぎとぎとしないまま食べられる。

家族のために決めていること
2

聞いてほしいときは挙手

裏返しになったままの服を洗濯機に入れないでほしいと伝えたかったり、家族で決めたいことがあったり。きちんと聞いてほしいのに、テレビの音や生活音にかき消されてしまうことって、よくあるものです。大きな声で言ったとしても、「はいはい」と聞き流されてしまいそう……。そんな時、私はかつて学校でそうしていたように手を挙げてから発言することにしています。すると、食べることに夢中だった家族も、「何事?」と言わんばかりにとりあえず目を向けてくれるので、そのタイミングを逃さず、伝えたいことを一気に話してしまいます。意外と聞く耳を持ってもらえます。

ここで大切なのは、学校での発表同様に、聞き手の気持ちになってわかりやすく手短に済ませること。だらだらと発言すると、また関心が逸れてしまいます。それと、あまり頻繁に挙手すると「またか」と思われてしまいますので、ここぞというときにのみに使うことも、しっかり聞いてもらうための小さなコツです。

Having Dessert
in Our
Living Room

3

おデザな
お茶の間

小さな教室「おデザなお茶の間」

ブログ「おデザな日々」を開設したのは、4年前のことでした。何でもない、日常の〝ささやかな悦び〟を記録しようと思ったことがきっかけでした。日常のおデザタイムや、お出かけの記録、家事の気づき、記念日における家族へのおもてなし、ふとした瞬間に頭に浮かんだこと……など、思いつくままに綴っています。そちらをご覧くださっていた方々から、何もそんな考えのないときから「何かを始めるときが来たら、絶対に通わせて！」とお声がけを頂くようになりました。そして様々な出会いを通して背中を押していただく機会にも恵まれ、もしかしたら私からお伝えできることが何かあるのかもしれないと考えるようになりました。とは言え、私はどこかで何かを専門的に学んだり、修業したりしたこともありませんし、ディプロマも取ったことがありません。そんな私にできることは何？　自問自答を繰り返しました。辿り着いた答えは、結婚してから欠かしたことのない「おデザ時間」が自らにもたらしてくれる〝ささやかな悦び〟に

「おデザなお茶の間」では、デザートだけでなく、ごく軽い食事も。

ついてなら、自分の言葉でお話しできると思いました。

わが家では、毎日手づくりのデザートを出すわけではありません。有名パティスリーのお菓子しか買わないわけでもありません。ケーキには紅茶、お饅頭には緑茶……そんなルールもありません。その日に提供できるものを、私の思うベストな組み合わせの飲みものと一緒に、魅力を最大限に引き出せる手もちのうつわを使って、ただただ心をこめて家族に出してきただけです。だからこそ、日々の暮らしのなかで見つけている等身大の〝ささやかな悦び〟についてなら、蓄積し続けたものがあります。

「おデザなお茶の間」へお越しいただく方には、「ここがご自宅とは別の、もうひとつのお茶の間と感じていただける場所になりますように」という想いをこめてお迎えしております。ウェルカムドリンクから始まり、3種類の飲みものとフーズやデザートの組み合わせを、のんびりとお愉しみいただき、その間には皆さまの和気藹々《わきあいあい》とした会話もたっぷり。そんな風に、いつも頑張っている皆さまがほんのひととき、「おデザなお茶の間」で心から寛いでお過ごしいただけているのなら……私にはこの上ない幸せです。そしてそれは取りも直さず、家族に対してたった一つだけ、結婚してから休まず続けてきたことに、ほかならないのです。

レジュメはできるだけ簡潔で見やすいものであるよう、気を配って。

お教室の開催期間中は、使う予定の食器や茶葉、食材などをまとめてワゴンに予めセット。

洗面所をお使いいただくので、洗濯機の前に掛けた厚手のカーテンを閉めて、生活感をカバー。

使い方は無限。カップ&ソーサー

カップ&ソーサーといいますと、セットになったタイプを思い浮かべがちです。けれども、ここで言うカップ&ソーサーは、必ずしもセットのものばかりではありません。

例えば、フリーカップとして売られていた白い磁器のカップは、同じトーンの白い楕円のお皿に乗せれば、それが自分オリジナルのカップ&ソーサーになり、余白の部分にお菓子を乗せられるワンプレートになります。同じカップを、漆器のトレイに乗せると和モダンな印象になり、簡単にお抹茶を愉しむような景色に変わります。また、ぴったりサイズの丸い小皿をソーサーにすれば、チャイやカプチーノにも合いそう……。ちなみにこちらのカップは、紅茶やコーヒーのカップにすることも多いのですが、小鉢や蕎麦猪口、茶わん蒸しに使うこともあります。さらに、グラノーラを底にしいてバニラアイスをのせ、上からフルーツソースをかけて、簡単パフェに使うこともあります。

小さなデミタスカップも同様です。セットになっているソーサーはもちろんしっくりくるのですが、ガラスや骨董の豆皿をソーサーにすると、また景色が変わります。お茶を注ぐだけでなく、ゼリーを小分けにして盛りつけると気分が変わります。また、変形のお皿をソーサーに見立てることもよくあります。作られた国も時代もそれぞれですが、合わせてみれば結構馴染むものです。その一方で、ソーサーには小さなミニグラスを合わせることも。底のくぼみのサイズが合っていれば、そんな愉しみ方もあります。

このように、使い方や合わせ方が無限のカップ＆ソーサーですが、合わせるときのコツがあります。まずは色のトーンを揃えること。例えば、白といってもアイボリーがかった白もありますし、グレーがかった白、純白もあります。トーンの違うものを合わせると、どうしてもちぐはぐした印象が生まれてしまうので、そこは気をつけています。さらに、できるだけ多くの組み合わせを愉しむためには、できればソーサーにくぼみのないものをセレクトしておくことをお勧めします。ソーサーとしてだけでなく、お菓子やおかずを乗せるお皿として使えますから、少ないアイテムでも様々な応用がききやすくなります。

同じフリーカップも、下にあわせるもので印象はかなり違うものに。

白いデミタスカップ&ソーサーは、〝エスプレッソ用〟と用途を決めてしまわず自由に。

お箸を変えるだけで〝よそ行き顔〟に

「テーブルセッティング」というと、それぞれにすべてお揃いの食器を使って、テーブルクロスを敷いて……と思われがちですが、そこまでしなくても、お箸をいつもと違うお揃いのものにするだけで、不思議と〝よそ行き顔〟になる効果があります。

普段の食事では、自分専用のお箸を使うご家庭が多いと思いますが、時には違うお箸をお揃いで使ってみると、何でもない普段のメニューなのに、家族から「今日の食事はどうしたの？」なんて言われるくらいの変化をもたらしてくれます。

例えば、素麺などの涼しいメニューのときには透明のキラキラしたお箸を使ったり、買ってきたお寿司を黒いお皿に盛りつけて、差し色になる赤いお箸を使ったり……。仕出しのお弁当で簡単なおもてなしという場合、ついてきた割り箸がチープなもののときがあります。そんなときには、お箸とお箸置きを手持ちのお揃いのものに変えて並べておきます。それだけで、ワンランク上のお弁当に感じていただけるかもしれません。

黒とガラスの相乗効果

ガラスの器は、夏に限らずオールシーズン使われるようになりました。どんなお料理にも合わせやすいので、私も重宝しております。そのまま使っても素敵なのですが、黒いランチョンマットや折敷の上に重ねて使うことが多いです。特に模様のあるガラスの器を黒に重ねると、模様が白く見える効果があり、その魅力がいっそう引き立って、乗せている料理やお菓子も生き生きして見えます。

そもそもは、気に入って買ったつもりのガラスの器が、使ってみるとイメージが違うのはなぜだろう……というのが始まりでした。背景が透けるガラスの特性から、ダイニングテーブルの木目が下から透けてしまうからだと気づき、逆にその特性を活かせばいいのだと発想の転換をしたのです。

「何だか使いにくい……」、そんなときは、別の何かと合わせることで魅力が増すこともあります。諦めてしまいこむ前に、あれこれ試してみることをお勧めします。

ありふれた冷やし中華のお昼ごはんも、お箸を変えれば簡単なおもてなしに。

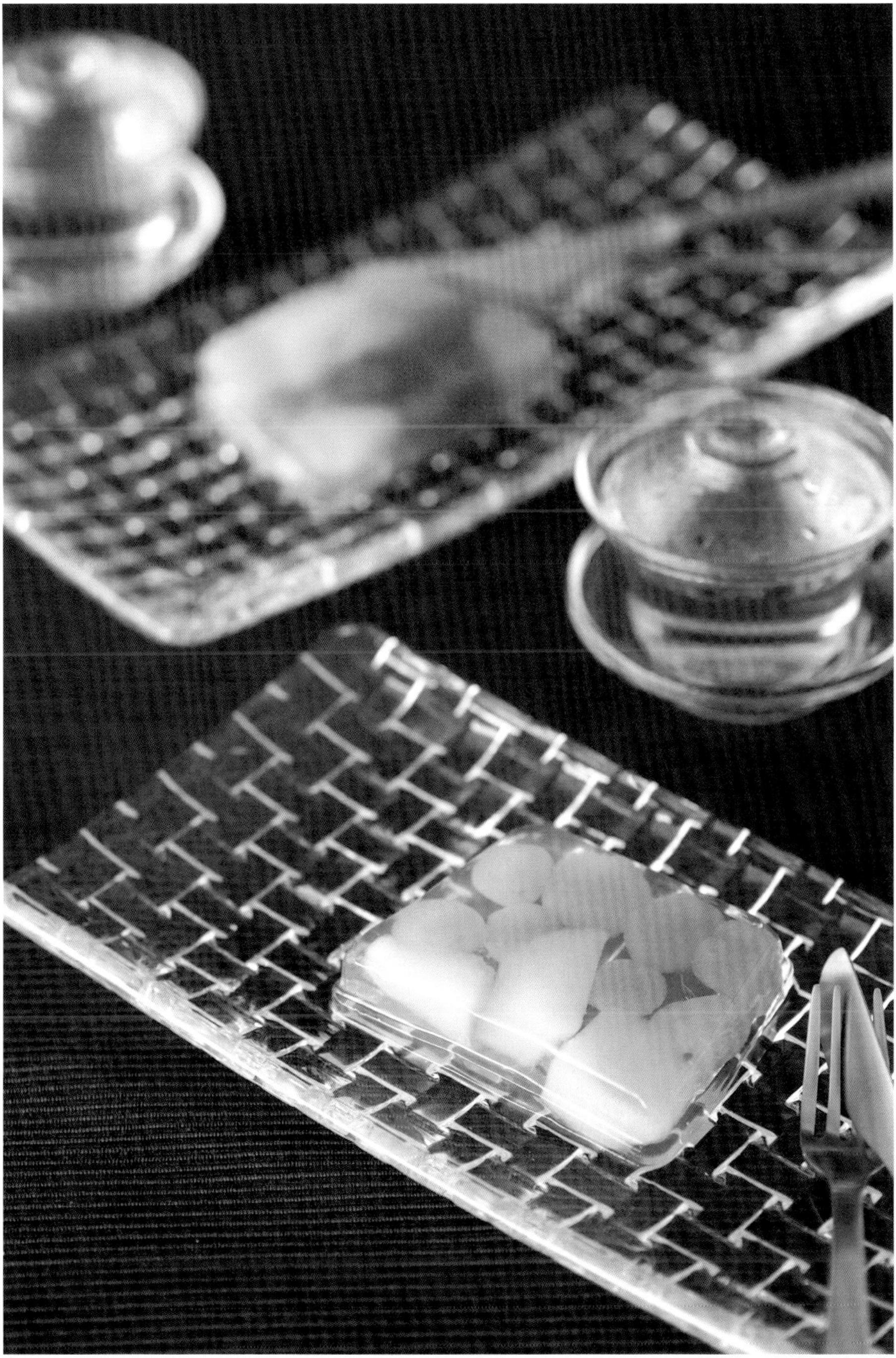

黒いクロスにガラスのうつわを重ねると、透明感がより引き立って。

小さいところから始めてみる

「たまには素敵なテーブルでおもてなししようかなって思うのに、何からどうしていいのかわからなくて、結局何もしないで終わっちゃうんです。」自宅教室の生徒さまからよくお聞きするエピソードです。雑誌やSNSなどで見る素敵なおもてなしの景色をいきなり実践しようとするのなら、ハードルを高く感じても仕方のないことです。

お勧めしたいのは、〝小さいところから始めてみる〟方法です。いきなりテーブル全体をイメージするのではなく、一人分のスペースから考えるのです。まず、使いたいお皿があるのなら、それを置きます。次に、お箸もしくはカトラリーを置きます。これで、建築でいうところの基礎ができました。ここからは建物を建てていきます。置いているお皿に大きさ違いのものはありますか？　もしあれば、それを重ねるだけでサマになりますし、似た雰囲気の小皿や小鉢、ボウルがあればそれを上に置くのもいいです。もちろん無いままでもＯＫ。

次に、ナプキン（ペーパーも可）をゆるく畳んで、お皿の上か横に添えます。あとは、飲みものを注ぐグラス（コップも可）を置けば、建物はおおまかに完成です。ここからはオプションを施していきましょう。お皿に合う、ランチョンマットか折敷はありますか？　あれば敷いてみてください。色の対比で、お皿が別の表情を見せてくれます。小さくても構いませんので、お花やグリーンをフラワーベースかコップに生けて、前にちょこんと飾ってみるのもいいですね。もしティーライトキャンドルがあれば、テーブルで灯すと雰囲気が出ます。

ここまでできたら、少し離れて、合うテーブルクロスがないかを考えます。テーブルクロスを敷くと、空間の雰囲気をがらりと変えてくれる効果があります。もしなければ、そのままでも大丈夫です。基本の1セットを人数分並べるだけでも、すでに〝おもてなし感〟は十分に出せているのです。

いかがでしょう？　自分の前にある一人分のスペースから、徐々にテーブル全体に面積を広げていくこの方法なら、ぐっとハードルが下がりませんか？　おもてなしするにはあれもこれも買い揃えなくては……と思わなくても、今お手元にあるものからすぐに始められますよ。

一番使いたいお皿と、お箸(カトラリー)を置いていくところからスタート。

キャンドル、テーブルフラワー、クロスまで広げられたら、空間はより華やかなものに。

しっくりくるテーブルセッティング

1　平行・垂直を守る

テーブルセッティングをする上で、まず心に留めておきたいのは、「平行」と「垂直」を守るということです。例えば折敷を並べるときに、隣の席とラインの位置がずれていたり、前の席と縦のラインが平行でなかったりしたら……、そのテーブルを見た瞬間に何となく違和感を覚えてしまうものです。

そんなこと当たり前、と思われるかもしれませんが、たった数度のゆがみでも人間の目は感じ取れてしまうのです。テーブルの縦のラインと横のラインに対して折敷やマット、器の中心線はそれぞれ「平行」と「垂直」になっているか、隣り合った席同士のラインは一直線になっているかの確認は小さなことですが、とても大切です。

2　色のトーン、形を揃える

インテリアにも言えることですが、「色のトーン」を揃えることはとても大切です。高度なテクニックを用いる場合は別ですが、基本的にブルーベース（青みがかった色）とイエローベース（黄みがかった色）を混在させないほうが、ぱっと見たときにしっくりきます。同系色のグラデーションも素敵ですが、差し色を入れてコントラストをつける組み合わせもまた素敵です。いずれにしても、色のトーンさえ揃っていれば、大きな違和感なくコーディネートできると思います。

もう一つ、「形」を揃えることも意識したいところです。例えば四角い折敷には、四角いお皿・四角い小鉢・四角いコースター……。同じ形が織りなすグラデーションは、それだけでテーブルの上に統一感を演出してくれます。もちろん、別の形を組み合わせることで得られるコントラストもあるので、必ずというものではありませんが、しっくりくるテーブルのための1つのテクニックとしてご紹介いたします。

折敷の縦横のライン、テーブルの縦横のラインの平行と垂直は整っているかをチェック。

“四角いもの”を“四角いもの”同士合わせることで、統一感を演出できる。

身近なスペシャリスト

テーブルセッティングを習ってみたい……と思ったのは、息子がまだハイハイをしていた頃。ほんの5分もない番組で紹介されていたその世界に、一瞬で心を奪われ、いつか私もこんなふうに家族をもてなしたい！　と決意をしたのでした。とは言え、子育て真っ最中のうえ、インターネットが今ほど浸透していなかった時代です。諦めきれない想いを抱いたまま数年の時が流れ、決意してから7年後にようやく習えるようになった時の嬉しさと感動は今もはっきり記憶しています。

今は検索をすれば、多くの教室があることがすぐにわかる便利な時代です。それでも、様々な事情によって習うことができない時もあろうかと思います。そんな時にお勧めしたいのは、広告から学ぶ方法です。週末になると、新聞には多くの不動産広告のチラシが入ります。そこには、プロのコーディネーターの方がデザインした、〝ぱっと見て素敵〟なテーブルやインテリア、グリーンや花々の写真が大きく掲載されています。私は

3
おデザなお茶の間

週末の朝、どの家のどんなところが好きなのかを、広告を見ながら考えることを習慣にしています。何度も繰り返しているうちに、視覚のイメージがどんどん蓄積されていき、いざテーブルやインテリアを整えようとするときに大変役立つのです。

もう一つは、ショップの店員さんにどんどん質問を投げかけることで知識を得る方法です。例えばお茶を買いに行けば、お茶売り場の店員さんにどんなお菓子に合わせたいのかを伝え、お勧めの茶葉を数点見せていただきます。基本的に専門店やデパートの常設店舗の店員さんの知識は大変豊富で、淹れ方までとても丁寧に教えていただけることが多いです。私はお花にあまり詳しくないので、お花屋さんに行けば、できるだけ多く会話をして、季節のお花について様々なことを教えていただくことにしています。

広告での学びも店員さんから教えていただくことも、いずれも時間や費用をほとんどかけずとも学べる方法です。そして今は、動画から学べることも多くなりました。事情があって教室に習いにいけないときも、学ぼうとする気持ちを忘れず、細く長く努力し続けられるのなら……いざ直接先生から教わることができるようになったときの吸収力は、かなり絶大なものになっていることと思います。

わからないことを素直な気持ちで尋ねれば、気持ちよく教えていただけるもの。

完成形から、あえて引き算をするということ

テーブルセッティングを習い始めて、かれこれ10年以上になります。様々な素晴らしい先生方に出逢い、たくさんの教えを授けて頂きました。学びを重ねるうちに、「私らしいテーブルって何だろう？」と考えるようになりました。そしてたどり着いた答えは、〝ほんのりなおめかし〟くらいが私にはちょうどいい、ということでした。

豪華なテーブルは素敵ですが、コンパクトな暮らしのわが家にはフィットしません。テーブルはＬＤＫの一角を占める存在にすぎませんが、家の雰囲気と住まう人々からかけ離れた世界観を展開する場ではないと思っています。ひとまず１００％だと思うテーブルを想定し、そこから〝ほんのりなおめかし〟から外れていないか？　でも生活感は抑えられているか？　と俯瞰しつつ引き算を重ね、トータルのバランスを見るようにしています。先日、ある生徒さまから「隙がないのに寛げる、不思議な空間ですね。」と仰っていただくことがありました。それは私にとって、この上ない誉め言葉だったのです。

メニューは彩りから考える

友だちを家でもてなす予定があるとします。まず何から考えるでしょうか？　おそらくお召し上がりいただくメニューを最初に考える方が多いと思いますが、私はお招きするテーブルのイメージを決めてから、デザートを決め、最後にお食事を決めていくことが多いです。どのクロス、どのうつわを使うか決まれば、そのなかの色とリンクするような食材を使い、デザートとのバランスが取れるメニューを考えます。

〝色を使うメニュー〟と言うと、なんだかハードルが高そうですが、大まかに分けて基本の五色に分類したところからピックアップすると考えれば、とても簡単なことです。

赤…トマト・赤パプリカ・紫キャベツ・梅干し・生ハム・いちご・いちじくなど
青（緑）…葉物野菜・ブロッコリー・ピーマン・しそ・バジル・アボカドなど
黄…卵・黄パプリカ・かぼちゃ・とうもろこし・人参・マンゴーなど
白…ご飯・大根・かぶ・山芋・豆腐・モッツァレラチーズなど

おせち風オードブルの場合。なますの赤と白、伊達巻の黄色、黒豆の黒、水菜の緑で5色。

黒…海苔・昆布・黒ごま・黒豆・いか墨・オリーブ・ブルーベリーなど
テーブルと色がリンクした料理を盛りつけたとき、「わぁ〜！　色までぴったり！」と歓声があがること間違いなし、です。（120〜127ページでご紹介している、実際の「おデザなお茶の間」のテーブルでは、シノワズリ柄のランチョンマットからは黒・黄色・白・緑を、ウッドのコースターからはベージュを、飲みものやお料理、デザートにリンクさせました）。

それとは別に、お招きする側がキッチンにこもってばかりいたり、何かをお出しするたびにバタバタすると、ゲストの側は落ち着かず、申し訳ない気持ちになりがちです。おもてなしの流れを滞らせることは、できるだけ避けておきたいものです。

そうならないように、予《あらかじ》め使うであろう食器やカトラリー類は当日までにまとめて出しておくこと（92ページ参照）、盛りつけのイメージを簡単なイラストにしてキッチンに貼っておくこともお勧めします。こうすることで、食器棚を行き来する慌ただしさから解放されますし、おしゃべりに夢中になるあまり、お召し上がりいただく予定だったメニューの出し忘れなどのうっかりミスを防ぐことができます。これらはほんのささやかな準備ですが、当日にはとても頼もしいサポーターになってくれます。

recipes

#「おデザなお茶の間」レシピ

recipc

08

フレンチトースト

思いたった時にすぐできる、
カリッフワッとした軽い触感のフレンチトースト。
甘さ控えめなので、サラダやハムとあわせてお食事にもどうぞ。

材料（2人分）

フランスパン（バタールなど柔らかいタイプ）　約1/2本

A
- 卵…1個
- 牛乳…100cc
- グラニュー糖…10g

B
- バター（有塩・無塩どちらでも）…適宜
- スライスアーモンド（200℃で3～5分空焼きする）…適宜
- バニラアイス…適宜
- オレンジ…適宜
- はちみつ…適宜

作り方

1. オーブンを200℃に温める。フランスパンを厚さ3cm程度にスライスし、それをさらに真ん中で2等分し、バットに並べる。
2. Aを混ぜ、1の上からサッとかける。卵液がかかっていないところは、箸などで返して軽くしみ込ませる。(時間をかけて漬けておく必要はない)
3. 2をオーブンシートを敷いた天板に並べ、バターナイフで薄く削った程度のバターをそれぞれのパンの上に乗せる。
4. 200℃のオーブンで5分焼き、さらに230℃に温度を上げ3～5分こんがりするところまで焼く。Bをトッピングする。

＊オーブンがなくてもOK。フライパンを弱火にかけ、焼き色がついたら、仕上げにトースターかグリルでカリっとさせて。焦げすぎには気をつけること。

＊メープルシロップやシナモン、ホイップした生クリームなど、トッピングはお好みで自由に。

recipe
08

フレンチトースト

recipe
09

すだちモヒート

ノンアルコールの、あとくちすっきりなウェルカムドリンクです。
ライムをすだちにアレンジしたことで、
どこかほっとする酸味に。

材料（シャンパングラス4人分）

ミントティーのティーバッグ…1パック
すだち果汁…適宜
ガムシロップ…適宜
すだちの皮…適宜

作り方

1. 表示どおりにミントティーを淹れ、常温で冷ます。
2. シロップ→すだち果汁→氷の順でグラスに入れていく。
3. 氷にあてるようにミントティーを静かに注ぎ、すだちの皮をトッピングする。
4. ストローで混ぜながらいただく。

recipe

10

黒ごま肉みそ和え麺

中国では、夏至の日に茹でた麺を食べるという習わしがあるのだとか。
こちらは汁気のない、ピリ辛で濃厚な肉みそがアクセントの麺料理です。
最後までおいしく味わうために、麺の水切りはくれぐれもしっかりと。

材料 （4人分）

合いびき肉…200g

A
- 黒ごまペースト…大さじ2
- 田楽みそ（甜麺醤《テンメンジャン》もOK）…大さじ2
- みそ（普段味噌汁につかっているもの）…大さじ2
- しょうゆ…大さじ2

辣油…6滴

花椒…適宜

中華麺（できれば太麺）…4玉

サラダ油…適宜

付け合わせ…オクラ・トマト・三つ葉・かいわれ大根・蒸し大豆・白髪ねぎ・きくらげ・松の実・クコの実・卵焼きなど、お好みに合わせて自由に。

作り方

1. Aをあわせ、混ぜる。
2. 鍋で合いびき肉を炒める（油が多く出たらキッチンペーパーで吸いとる）。
3. 2に1を入れ、さらに辣油と花椒を加えてまんべんなく火を通す。
4. 中華麺をたっぷりの湯で茹でる。
5. 茹で上がった麺をざるにあけ、流水で洗ってぬめりを取る。麺をぐっとざるに押しつけて、内側に残っている水分までしっかり絞りとり、少量のサラダ油をまぶす。
6. 麺と肉みそ、付け合わせをよく混ぜながらいただく。

recipe
09

すだちモヒート

recipe
10

黒ごま肉みそ和え麺

recipe
11

パイナップル寒天
ココナッツヨーグルト添え

寒天を使うことで、サクサクとした歯ごたえになり、食事のあとにも
ぴったり。ココナッツの香りがするヨーグルトを添えると、
デザート感がうんと増します。

材料（4人分）

パイナップルジュース（果汁100%）…250cc
カットパイン缶…1缶（190g）
A［水…250cc
グラニュー糖…大さじ3～5
粉寒天…4g（1包）］
ヨーグルト…適宜
ココナッツミルクパウダー…適宜
はちみつ…適宜

作り方

1. Aを鍋に入れ軽く合わせてから火にかけ、ホイッパーで泡立てないようにぐるぐると混ぜる。
2. 沸いてきたら火を弱めつつ、あと1分引き続き混ぜる。
3. 2.にジュースと缶詰のシロップを加え、さっと混ぜる。
4. 缶詰の果実を並べた容器に3を静かに注ぎ、粗熱が取れたら冷蔵庫で冷やす。
5. しっかり冷えて固まったら器に取り分けて、ヨーグルトにココナッツミルクパウダーを混ぜたものとはちみつをとろりとかけていただく。

*寒天は水から合わせないと、ダマになるので注意すること。
*パイン缶は、「はごろも朝からフルーツ パイン」を使用しています。

recipe
12

黒糖蒸しパン

ふわふわとした食感は、蒸したてならでは。
ミルクの香りがそこはかとなく漂う、
大人も子どももほっとするおやつです。

材料 (18cm×12cmの楕円の型1個分)

A
- 卵…2個
- 黒糖…80g
- コンデンスミルク…20g

B
- 薄力粉…100g
- ベーキングパウダー…大さじ1/2

牛乳…50cc
太白ごま油(サラダ油でもOK)…50cc

作り方

1. Aを湯煎にかけ、ホイッパーでぐるぐると混ぜる。
2. 黒糖が溶けたことを確認したら、Bを振るいながら混ぜあわせる。
3. 粉っぽさが収まってきたら、牛乳とサラダ油を加えさらに混ぜる。
4. オーブンペーパーを敷いた型に流し入れ、蒸し器で約25分蒸す。竹串を刺して何もついてこなければ出来上がり。

＊蒸し器の蓋についた水滴が落ちないよう、蓋の下にキッチンペーパーをはさむとよい。
＊温めなおしたいときは、約10分蒸しなおすと、できたてのような食感に。

左：パイナップル寒天は、フォークで細かくクラッシュさせて盛りつければキラキラ。
上：デザートには、ほんの少しの“塩もの”を添えて味にメリハリを。

recipe

11

パイナップル寒天　ココナッツヨーグルト添え

右：黒糖蒸しパンは蒸したてをサーヴ。
下：中国茶に合う、豆菓子やドライフルーツを添えて。

recipe
12

黒糖蒸しパン

お金をかけずに、美味しいお茶

「お茶でおもてなし」と言いますと、デパートや専門店で購入した茶葉を使わないと……と、少しハードルが高いように感じられるかもしれません。もちろんそのようなお店で購入したものは美味しいのですが、身近な場所で手に入りやすいものも、おもてなしに使えますので、臨機応変に使いこなすことをお勧めします。

例えば水出し煎茶。コンビニでドリンクコーナーを見ると、冷たい緑茶の種類の多さに圧倒されます。つまり、多くの人々に好まれている、ということが窺《うかが》われますから、お好みが分からないお客様にお出しするには、無難な飲みものだと言えます。

また、家庭訪問の先生や保険の更新にいらした営業の方などにお出しすると、冷ますことなくさっと口に含んでいただくことも出来ますので、時間のないときの会話の妨げになりにくい良さもあります。お出しする側からみても、予め淹れて冷蔵庫にセットしておけば、あとはうつわに注ぐだけという手軽さは魅力です。水出し専用のティーバッグはスーパーでも扱っていることが多いですので、いつでも補充できるのも助かります。暑い季節のものと思われがちですが、冬であっても、まずはしっかりと冷えたお茶を小さなカップで出して季節柄乾燥しがちな喉を潤していただき、そのあとゆっくりと温かい飲み物を……というおもてなしも、意外と喜ばれますのでお勧めです。

次に、ティーバッグ紅茶の活用についても触れておきたいと思います。よく「うちにはスーパーのティーバッグ紅茶しかなくて……」という声をよく耳にするのですが、そこは胸を張っていただいていいと思います。水泡の大きさが500円玉サイズまでしっかり沸騰させたお湯で、パッケージに記載された時間を守って、蓋をして蒸らして淹れたなら、間違いなく美味しい紅茶がいただけます（渋すぎる、香りがしない、というのはこの湯温と時間と蒸らしを守られていないことが大きな原因です）。ストレートティーにしても、ミルクティーにしても、レモンティーにしても合うようにブレンドされていて、しかも比較的安価で、すぐに手に入る……、とにかくお利口さんなティーバッグ紅茶。私は、ときに水出し（表示の量より少しだけ少なめの水の中にティーバッグを浸し、冷蔵庫の中で6時間程度冷やす）にしたり、フレッシュのハーブを浮かべて香りを加えたりして、全幅の信頼のもと、自由にその味わいを愉しんでいます。

上：さぁっと喉を潤す水出し煎茶は、多くの方が好むお茶。
左：良質な茶葉なら、熱く淹れた後に水を注いで冷蔵庫で冷やして水出しとして更に愉しむことも。

右：紅茶を淹れるときのお湯は、このぐらいボコボコと沸騰させて。
下：ローズマリーを浮かべた紅茶はあと口がすっきりするので、クリーミーなお菓子に。

「あと10分でお客様が来る……」そんな時は

「このあと寄ってもいい？」そんな連絡があったとします。「お茶でも……、という流れになるかも？」、誰しもきっとここから頭がフル回転になるものです。

床に散乱したものがあるなら、まずそちらを使わない部屋に緊急避難（！）させるか、例えば本ならば無理に移動させず、整然と積み上げます。そこから掃除機を出していたら……到底時間が足りません。そんな時は、玄関の靴をしまうか、それも無理そうならば端にきちんと揃えて置く。トイレをさっと拭き掃除する。ここでまだ時間がありそうなら、ペーパーモップで軽く床掃除（音が出ないので、到着にすぐ気が付きます）。玄関からお通しする部屋までにある蛇口や取手類、インターフォン、門の取手や玄関ドアのノブをさっと拭く（家の顔として、意外と目につく部分です）。

最低限これらを押さえておけば、〝何だかすっきりしている家〟という印象をもって頂けます。そして最後の仕上げは、笑顔でお迎え！　それ以上のおもてなしはありません。

お客様は五感でお出迎え

お客さまをお迎えするとき、お茶とお茶請けを、さらに時間によっては食事の用意を……ということが、まず頭に浮かぶと思います。そして、そこからほんの少しの気くばりのコツをプラスして、さらにお客さまに喜んでいただきませんか？

そのコツとは五感、つまり「味覚」「触覚」「嗅覚」「聴覚」「視覚」を意識することです。「味覚」はお茶で準備できていますね。そして「触覚」では、おしぼりを用意します。暑いときは冷やして、寒いときは温めたものをお渡しし、手のひらがさっぱりすることで寛いでいただけます。「嗅覚」では、アロマオイルや季節に合ったお香などをほのかに香らせ、家独特の生活のにおいを取り除きます。「聴覚」では、さりげない音量で音楽を流しておくと、ふと会話が途切れた時にも穏やかさが漂います。テーブルセッティングまでいかなくても、ささやかなお花を飾れば空間が華やいで「視覚」が満たされます。五感を意識したお出迎えは、お客さまの心にきっと優しく届くことでしょう。

右頁：あわてて移動させ、また元の場所に戻すのも大変。積み上げた本なら角度を揃えるだけでも。
上：若冲などのポストカードを飾って、小さな季節感を。
右：香りのアイテムは、常に数種類をストック。

無理なく続けられる「おもてなし」

「おもてなし」というと、あれこれ気疲れしそう……と、つい身構えてしまう方もいらっしゃるかもしれません。色々定義はあると思うのですが、私は「自分が受けたら、ちょっと嬉しいな」ということを念頭に、ささやかな工夫をかさねることだと思っています。

例えば、来客時やレッスンの時には洗面所をお使いいただいていますが、生活感があふれる場所だけに、宿泊施設に倣《なら》ってひと工夫を。洗濯機の前にはしっかりとした生地のカーテンをかけ、閉めれば生活感が感じられないようにしています（93ページ参照）。手を拭くタオルはペーパータオルにチェンジ。ハンドクリームや爪楊枝はもちろんのこと、簡単にメイク直しに使える綿棒、そして電車移動の方々は気になっていらっしゃるかもしれないと思い、うがい用の紙コップなどを用意し、ご自由にお使いいただいています。これらを使われた後に捨てていただくごみ箱も、気持ちよくお使いいただけるように中を空にしておいて、ついでに周りをさっと拭き掃除しています。

お手洗いにはルームスプレーを置いていますが、オーガニック由来のものを選ぶようにしています。お手洗いという小さな空間でスプレーをした場合、吸い込む可能性が他よりも高いのでは？　と思うからです。

他にも、立って作業をしていただく時に、少しでも足のご負担を減らせたらいいなと思い、スリッパは履き心地重視で、ソールが低反発のクッションで出来たものを選んでいます。そして清潔感ということを考えると、洗濯機で丸洗いできることも大切です。更に、お客様がいらっしゃる日には、少しでも気持ちよく足を入れて頂けるよう、ベランダで天日干ししてから玄関に並べます。

いずれも私だったら……、という観点で考えた、無理なく続けられている「おもてなし」です。

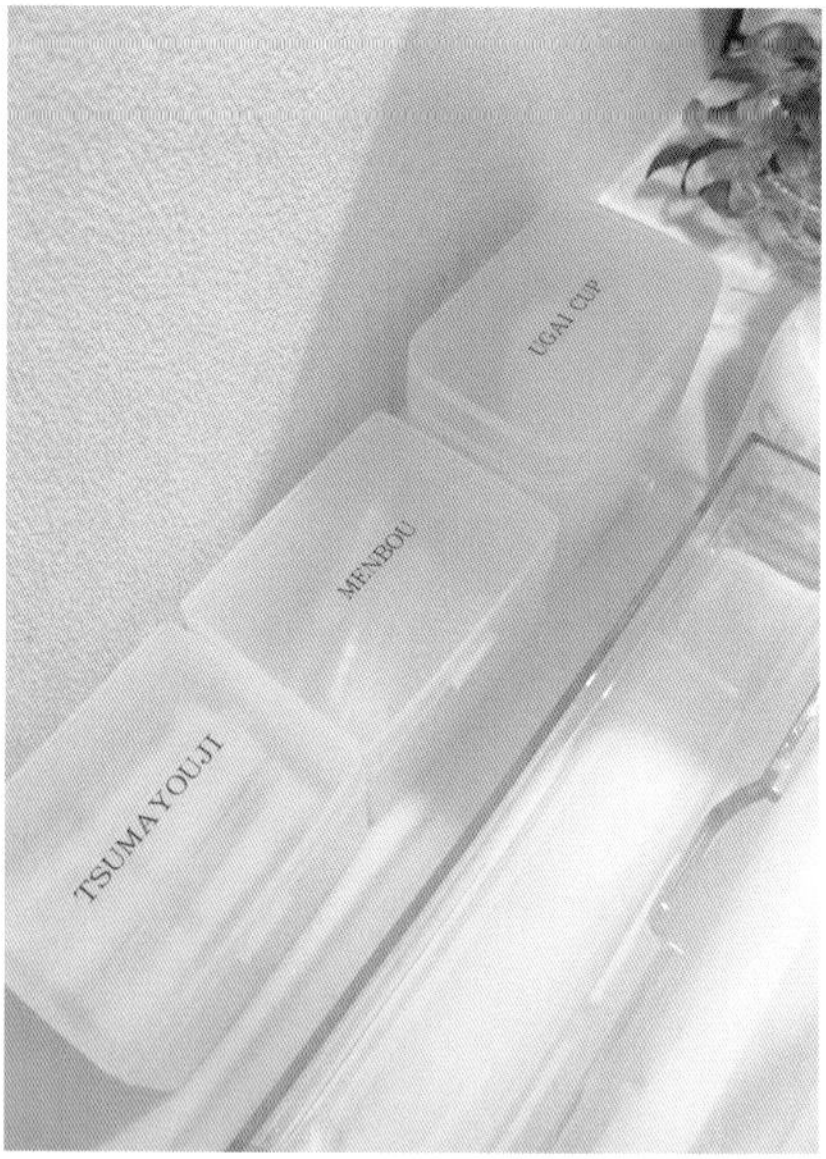
UGAI CUP
MENBOU
TSUMAYOUJI

mālie

右頁右上：トイレに置いているルームスプレーは、オーガニックなものをセレクト。
左上：アメニティ3点セットとして使っているのは、すべて￥100ショップのもの。
下：お客さまが使いそうなごみ箱は、できれば中身を空に。
左頁：スリッパは清潔感も大切。天日干しすればふかふかに。

半径50センチの悦びとは

「おデザなお茶の間」では、メンバーの皆さまに「半径50センチの悦びを大切にしましょう」とお伝えしております。

半径50センチ以内とは、自分を中心とした半径50センチの円をイメージします。その範囲はきわめて個人的なスペースであり、親しい人がその中に入ってきても何も思いませんが、そうでない人が入ってくると、途端に緊張感を覚える距離になります。そして片手を伸ばすと、手に届く範囲でもあります。

自分を本当の意味で幸せにできるのは、自分だけ。自分自身が幸せでなければ、周りの人を幸せにすることなどできないと思っています。誰かから悦びをもたらしてもらうから幸せなのではなく、その悦びに自ら思いを馳せることができる自分であるかどうか。どんなに周りから羨《うらや》まれることがあったとしても、不幸の種に目を向けてばかりいたら、手の届くところにある幸せが小さな花を咲かせていることにさえ気付けなくなってしまうのではないかと思います。

まずは半径50センチの中心である自らが、「美味しい」「うれしい」「たのしい」「心地よい」など心からの悦びを、日常のささやかな場面たちから感じとるアンテナをたて続けること。そしてその悦びをもって、手の届く範囲である半径50センチ以内に存在する、目の前の人・もの・ことを慈しみ、大切にすること。そうすることで、また自分自身もさらなる悦びを得られると思うのです。

おわりに

どこを切りとっても、平凡な私のくらし。ただ淡々と……〝半径50センチの悦び〟を追いもとめてきた、小さな人生です。

生きていれば、誰だって色々なことがおこります。私にも、心の中に大きな嵐や小さなさざ波が押し寄せることもあります。それでも、平等に日は沈み、朝はやってきます。同じ一日を過ごすのであれば、できるだけいいように考えて過ごしていきたいものです。手の届くところにある、愛おしい存在にきちんと目をむけることができるなら、人生はきっとそれぞれの彩りをもつのだと思いながら、今日に至ります。そして、その伴走者として寄り添ってくれていたのは、気取りのない〝おデザ〟たちでした。小学生の時に心に誓った、「お茶の時間をもつ暮らしを送る」という決心は、40年近く経った今も変わらず、私の心の道しるべであり続けてくれています。

家族のために作ってきた〝おデザ〟たちが、そしてその〝おデザ〟たちを愉しむために重ねたささやかな工夫や心がけが、結婚20周年を迎えた年に、こうして本という形になって手元に帰ってくるなんて、いったい誰が想像できたことでしょう。幼い頃の私に出会えるなら、「あなたのこれからの人生には、びっくりするようなギフトが待っているよ」と耳打ちしたいくらいです。

無名の私を見いだし、本を出すという夢にも思わなかった奇跡を作ってくださった、担当編集者の角田多佳子さんには、感謝してもしきれません。そして、いつも惜しみなく教えを授け続けてくださる、お教室の先生方。私の背中をあたたかく押してくれた、周囲の皆さま。レッスン後に面映《おもは》ゆくなるほどの、嬉しいご感想を寄せて下さる生徒さま。この場をお借りして、心より感謝申し上げます。そして、家庭を大切にすることの素晴らしさを、生き方を通して教えてくれる両親、いつもさりげない優しさでそっと支え続けてくれる夫と息子に、溢れんばかりの「ありがとう」を届けたいと思います。「自分を本当の意味で幸せにできるのは、自分」と思ってきましたが、結果として、私は周りから数えきれないほどの幸せをいただいていたのでした。

この本が、皆さまの〝半径50センチの悦び〟の何かのお役に立てますことを願ってやみません。お手に取って読んでいただき、ありがとうございました。

2020年1月

DEZAKO

DEZAKO

1974年生まれ。大学卒業後、外資系保険会社に勤務。1999年に結婚し、退職。翌年に息子を出産。父親も夫も転勤族だったため、11回の引っ越しを経験。様々な土地に暮らすなかで、どこに住んでも愉しみを見つける習慣が身につく。料理好きな母親に育てられたことと、子どもの頃、お菓子とお茶を囲む時間に魅せられたことをきっかけに、本を見ながら見よう見真似でお菓子づくりをするようになる。結婚後は、育児や仕事をしていても無理なく作れる、日常の暮らしに寄り添ったレシピを追究。2017年から、軽食とお菓子を様々なお茶とともに愉しむスタイルの、小さな自宅教室「おデザなお茶の間」をスタートさせ、シンプルなレシピと地に足ついたおもてなしが好評を得ている。

ブログ「おデザな日々」 https://odezana.exblog.jp

ブックデザイン | albireo

撮影 | DEZAKO、y's arrange (P144)

お金《かね》と時間《じかん》をかけなくても「素敵《すてき》」はできる

わたしの家《か》事《じ》ルール

2020年 1月15日　第1刷発行

著者 DEZAKO《デザコ》

発行者 渡瀬昌彦

発行所 株式会社講談社
〒112-8001 東京都文京区音羽2-12-21
販売 TEL 03-5395-3606
業務 TEL 03-5395-3615

編集 株式会社講談社エディトリアル
代表 堺 公江
〒112-8013 東京都文京区音羽1-17-18 護国寺SAビル6F
編集部 TEL 03-5319-2171

印刷所 大日本印刷株式会社

製本所 株式会社国宝社

ISBN978-4-06-518470-7